Cholesterinarm
kochen und genießen

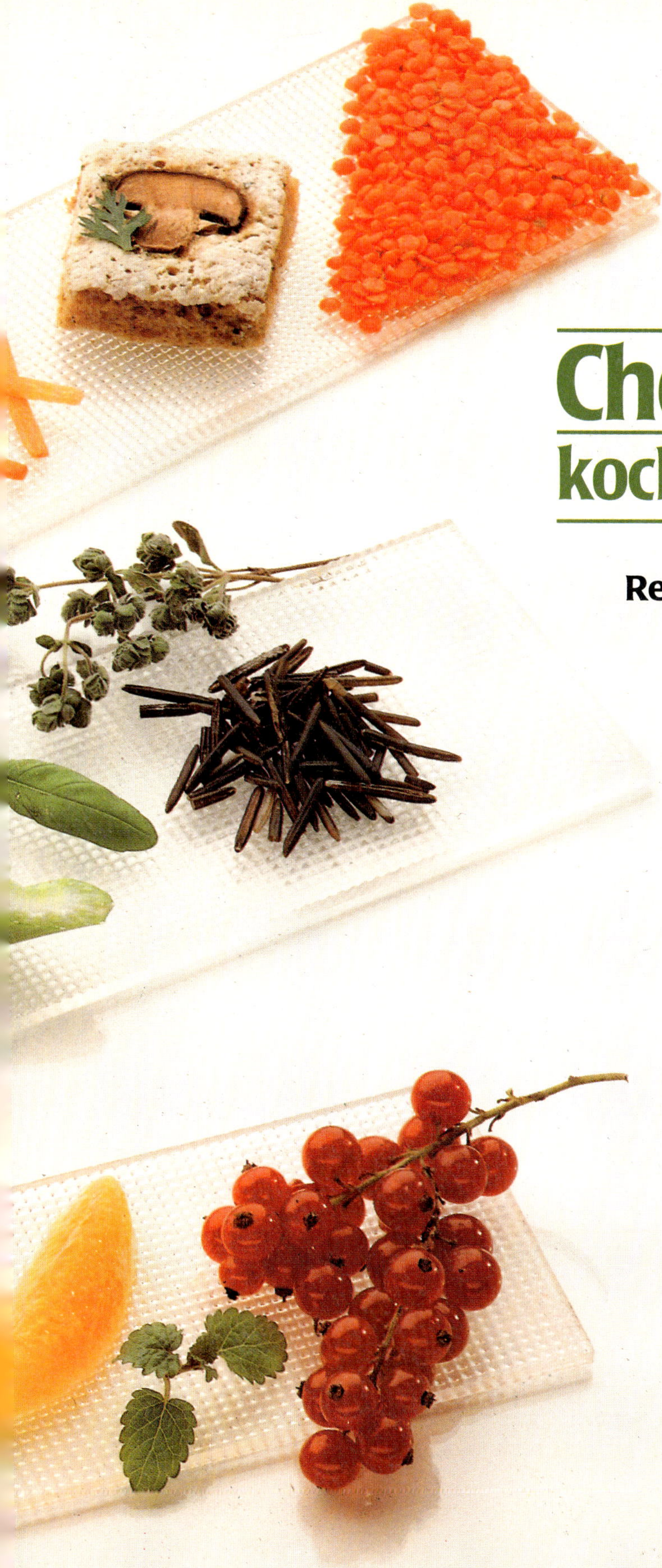

Rolf Unsorg

Cholesterinarm kochen und genießen

Rezepte für die ganze Familie

Vorwort von
Prof. Dr. Helmut Rottka

Einleitung
und Nährwertberechnungen
von Inge Schweinebraten,
Diätassistentin

Mit einer Cholesterintabelle
der wichtigsten Lebensmittel
von Dr. Helmut Oberritter

FALKEN

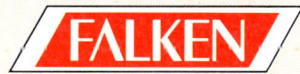

INHALT

Vorwort —————————————————— 5

Ernährung bei Fettstoffwechselstörungen —————————————————— 6

Risikofaktoren ————————————— 6

Die Bedeutung der Ernährung ————— 6

Die richtige Ernährung bei erhöhtem
Cholesterinspiegel ——————————— 7

Lebensmittelauswahl bei cholesterinarmer
Kost ——————————————————— 11

Zu den Rezepten ———————————— 12

Tagespläne ——————————————— 13

Das Frühstück ————————————— 16

Zwischenmahlzeiten ——————————— 26

Vorspeisen ——————————————— 34

Suppen ————————————————— 52

Kleine warme Gerichte ————————— 64

Hauptgerichte mit Fleisch, Geflügel
und Fisch ———————————————— 78

Vegetarische Hauptgerichte ——————— 106

Beilagen ———————————————— 118

Salate —————————————————— 134

Desserts und Gebäck —————————— 146

Cholesterintabelle ——————————— 160

Rezeptverzeichnis ——————————— 168

VORWORT

So verlockend die bunte Palette an Lebensmitteln und den daraus hergestellten Fertigprodukten für viele sein mag, so groß sind doch die gesundheitlichen Probleme, die die „moderne" Zivilisationskost mit sich bringt. Ein erhöhter Cholesterinspiegel ist nur eine der Folgen, die aus dem übermäßigen Konsum von Fett und der zu geringen Aufmerksamkeit gegenüber wertvollen Nährstoffen und den Ballaststoffen erwachsen. Übergewicht, Karies, Diabetes mellitus (Zuckerkrankheit), Fettstoffwechselstörungen, Bluthochdruck, Obstipation (Verstopfung), erhöhte Harnsäurekonzentrationen im Blut oder sogar Gicht – die Liste der ernährungsabhängigen, sogenannten Zivilisationskrankheiten ist lang.

Viel zu viele Menschen sind bereits von einem oder mehreren dieser Risikofaktoren betroffen. Mit ihnen wächst die Gefahr, daß bei diesen Personen Arteriosklerose und koronare Herzkrankheiten in möglicherweise lebensbedrohender Form entstehen.

Mit einer gesunden Ernährung und Lebensweise, das heißt mit sportlicher Aktivität, ohne extremen Streß und mit Verzicht auf das Rauchen, kann man wirkungsvoll vorbeugen beziehungsweise eine Behandlung wesentlich unterstützen. Aber Sie haben es sicher schon an sich selbst festgestellt: Seinen Lebenswandel und eingefahrene Ernährungsgewohnheiten zu ändern ist nicht so einfach. Gehen Sie daher in kleinen Schritten vor, überwinden Sie zunächst eventuell bestehende Vorurteile, indem Sie sich informieren.

Dieses Buch möchte Ihnen dabei als hilfreicher Ratgeber zur Seite stehen. Es informiert über die wichtigsten Risikofaktoren für die Entstehung der Arteriosklerose sowie über die Grundlagen eines richtigen Ernährungskonzeptes und zeigt durch eine Vielfalt an ideenreichen Rezepten, wie Sie einen erhöhten Cholesterinspiegel senken beziehungsweise ihm vorbeugen können, ohne auf den Genuß beim Essen verzichten zu müssen.

Im Vordergrund steht die Empfehlung, möglicherweise bestehendes Überge-

wicht abzubauen beziehungsweise seine Entstehung zu vermeiden. Natürlich erfordert Abnehmen einen gewissen Verzicht, aber machen Sie sich gleichzeitig bewußt, welchen Gewinn Sie daraus schöpfen – mehr Gesundheit und damit größere Lebensfreude, mehr Spaß am eigenen Körper und möglicherweise einen Kick für das Selbstbewußtsein.

Die Rezepte in diesem Buch sind fett-, cholesterin- und entsprechend kalorienarm. Sie enthalten nur geringe Mengen an Kochsalz und keinen Zucker, sind ballaststoffreich und berücksichtigen ein günstiges Verhältnis verschiedener Fettsäuren sowie ein ausgewogenes von tierischem zu pflanzlichem Eiweiß.

Das bedeutet, daß die Gerichte gleichermaßen für Menschen mit Fettstoffwechselstörungen, zum Beispiel erhöhtem Cholesterinspiegel, für Diabetiker, Bluthochdruckkranke, Übergewichtige und Patienten mit erhöhten Harnsäurewerten und für unter Verstopfung Leidende geeignet sind. Angaben über den Gehalt an wichtigen Inhaltsstoffen finden Sie bei jedem Rezept. Die Hinweise erleichtern es, die tägliche Kalorien-, Fett- oder Cholesterinzufuhr zu ermitteln.

Natürlich standen bei der Zusammenstellung der Rezepte neben der Erfüllung der Erfordernisse der Geschmack und das attraktive Anrichten im Vordergrund, denn nur wenn es schmeckt und appetitlich aussieht, kann man sich selbst und andere von einer vernünftigen Ernährung überzeugen. Dieses Buch zeigt Ihnen auch, daß für einen Patienten keine großen Extratouren beim Kochen notwendig sind. Mit nur geringfügigen Ergänzungen können Sie alle Gerichte Ihrer Familie und auch Ihren Gästen servieren.

Prof. Dr. Helmut Rottka, Berlin

ERNÄHRUNG BEI FETT-
STOFFWECHSELSTÖRUNGEN

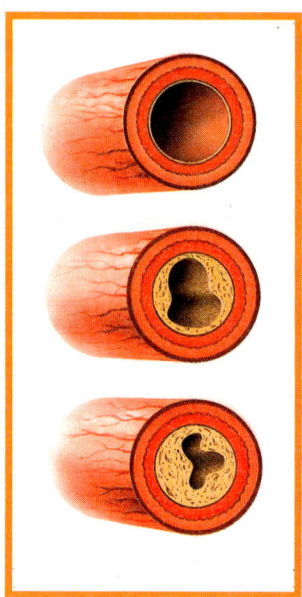

Arteriosklerose entsteht durch eine Verengung der Blutgefäße

Risikofaktoren

Meist erfährt man es bei einer Kontrolluntersuchung – die Konzentrationen von Neutralfetten (Triglyceriden) und der Cholesterinspiegel im Blut sind zu hoch. Dies sind Anzeichen dafür, daß im Fettstoffwechsel etwas nicht stimmt.

Bei den meisten Betroffenen beruhen solche Fettstoffwechselstörungen auf einer vererbten Anlage, jedoch spielt die Ernährung eine bedeutende Rolle bei der Entstehung der beschriebenen Veränderungen im Blut.

Sind die Triglyceridkonzentrationen und der Cholesterinspiegel im Blut über einen längeren Zeitraum hinweg erhöht, so besteht das Risiko, daß sich Cholesterin zusammen mit anderen Blutbestandteilen an den Wänden der Arterien festsetzt, sich diese verengen und weniger Blut hindurchfließen kann. Man bezeichnet diese krankhafte Veränderung als Arteriosklerose, deren Folgen eine koronare Herzkrankheit (KHK) sein kann. Tritt nämlich eine Verengung an kleineren Blutgefäßen des Herzens oder des Gehirns auf, kann es leicht zu Gerinnseln und einem völligen Verschluß kommen. Geschieht dies, so sterben die vorher von diesem Gefäß mit Blut versorgten Gewebe ab, man spricht dann von einem Herzinfarkt oder, wenn das Gehirn betroffen ist, von einem Schlaganfall. Ein erhöhter Cholesterinspiegel stellt demnach einen Risikofaktor für die Entstehung von Arteriosklerose dar. Ideal sind Cholesterinkonzentrationen zwischen 150 und 200 Milligramm Cholesterin pro 100 Milliliter Blut (200 mg/100 ml oder 200 mg/dl); Werte über 250 Milligramm sind als kritisch anzusehen.

Ein erhöhter Cholesterinspiegel ist jedoch nicht der einzige Risikofaktor, denn in ähnlichem Maß spielen Übergewicht, ein hoher Blutdruck, Diabetes mellitus (Zuckerkrankheit), hohe Harnsäurewerte (Gicht), Rauchen, Streß und Bewegungs-

mangel eine Rolle bei der Arterioskleroseentstehung. Je mehr dieser Faktoren bei einem Menschen gleichzeitig gegeben sind, desto größer ist die Gefahr, vorzeitig an Arteriosklerose mit all ihren Folgen zu erkranken.

Die Bedeutung der Ernährung

Es wurde bereits angesprochen, daß die Ernährung bei den meisten Formen der Fettstoffwechselstörungen eine wichtige Rolle spielt. Dies gilt auch für andere Risikofaktoren wie Übergewicht, Bluthochdruck, Diabetes mellitus (Zuckerkrankheit) und hohe Harnsäurewerte beziehungsweise Gicht. Man kann ihrer Entstehung durch eine günstige Lebensmittelauswahl weitgehend vorbeugen beziehungsweise das Krankheitsbild positiv beeinflussen.

Viele Menschen sind gleichzeitig von mehreren dieser Stoffwechselstörungen betroffen. So sind etwa 80 Prozent aller Typ-II-Diabetiker (Erwachsenendiabetiker) übergewichtig, und bei vielen treten Fettstoffwechselstörungen oder Bluthochdruck auf. Die Ernährungsempfehlungen in diesem Buch berücksichtigen solche Überschneidungen.

Generell gilt, daß man bestehendes Übergewicht reduzieren muß, und dies erreicht man in erster Linie durch eine Einschränkung des Fett- und Zuckerverzehrs. Untersuchungen haben gezeigt, daß sich Blutfett-, Cholesterin-, Blutdruck- und die Harnsäurewerte bei vielen Patienten allein durch eine Gewichtsabnahme auf das Normalgewicht erheblich verbessern.

Neben der Empfehlung einer Gewichtsreduktion ist es bei Fettstoffwechselstörungen wichtig, tierische Fette in der Nahrung gegen pflanzliche auszutauschen. Für Diabetiker gilt die besondere Empfehlung, leicht resorbierbare Zucker, wie Haushaltszucker, Traubenzucker, Fruchtzucker in größeren Mengen, Honig, Fruchtdicksäfte, Ahornsirup und sie enthaltende Nahrungsmittel, zu meiden.

Dagegen sind komplexe Kohlenhydrate aus gleichzeitig ballaststoffreichen Lebensmitteln, wie Vollkornbrot, Vollkornreis und anderen Vollkornprodukten, Gemüse, Hülsenfrüchten, mit Einschränkung auch Kartoffeln und Obst (außer Bananen und Weintrauben), günstig. Zudem sollte man die Nahrungszufuhr auf etwa fünf kleine Mahlzeiten über den Tag verteilen. Für Bluthochdruckpatienten gilt zu beachten, daß alle kochsalzreichen Lebensmittel, wie Kartoffelchips und andere Knabbereien, Geräuchertes, in Salzlake Eingelegtes oder gepökelte Produkte, vermieden und salzarme Zubereitungsmethoden bevorzugt werden. Die Rezepte in diesem Buch berücksichtigen die genannten Empfehlungen.

Für Menschen mit hohen Harnsäurewerten im Blut ist es neben dem Abbau bestehenden Übergewichtes notwendig, die Aufnahme von Purinen über die Nahrung einzuschränken. Angaben zum Puringehalt einzelner Lebensmittel finden Sie in ausführlichen Nährstofftabellen.

Die richtige Ernährung bei erhöhtem Cholesterinspiegel

Wird ein hoher Cholesterinspiegel festgestellt, sollte man zunächst immer versuchen, ihn allein durch eine Ernährungsumstellung zu senken. Erst wenn dies keinen Erfolg zeigt, werden vom Arzt zusätzlich Medikamente eingesetzt.

Die Ernährungstherapie ist die wichtigste Maßnahme bei der Behandlung einer Fettstoffwechselstörung.

Meistens kann man mit einer gezielten Lebensmittelauswahl eine Senkung der Cholesterinwerte um 10 bis 15 Prozent bewirken. Das bedeutet bei einem Cholesterinspiegel von 250 mg/100 ml, daß der Normalwert erreicht wird.

Im folgenden werden die wichtigsten Prinzipien einer Ernährungsumstellung genannt und erläutert:

1. Übergewicht vermeiden beziehungsweise bestehendes abbauen.
2. Den Fettverzehr einschränken.
3. Vermehrt Fette mit einem hohen Anteil an mehrfach ungesättigten Fettsäuren verwenden.
4. Die Cholesterinzufuhr auf weniger als 250 Milligramm pro Tag begrenzen.
5. Den Zuckerkonsum einschränken.
6. Vermehrt Ballaststoffe und komplexe Kohlenhydrate zu sich nehmen.
7. Alkohol meiden.
8. Den Kochsalzverzehr einschränken.

Zu 1. Übergewicht:
Übergewicht ist ein in der Bundesrepublik weit verbreitetes Ernährungsproblem. Besteht Übergewicht über einen langen Zeitraum hinweg, kann es leicht zu einer Überlastung des Stoffwechsels kommen. Die falschen Ernährungsgewohnheiten führen in zahlreichen Fällen zu einer Erhöhung des Cholesterinspiegels, der oft durch eine Gewichtsabnahme wieder gesenkt werden kann.

Ob Sie übergewichtig sind, können Sie sehr schnell mit Hilfe der Broca-Formel errechnen:
Körpergröße minus 100 = Normalgewicht
Normalgewicht minus 10 Prozent = Sollgewicht

Vernünftig Maßhalten

Von Übergewicht spricht man, wenn das Körpergewicht das Normalgewicht um 10 Prozent überschreitet.

Wenn Sie Übergewicht haben, können Sie die Rezepte in diesem Buch ebenfalls in Ihrer Reduktionskost einsetzen. Verkleinern Sie Fleischmengen auf etwa 100 Gramm pro Portion. Sie müssen dann bei der Zusammenstellung Ihrer Tageskost darauf achten, daß Sie eine tägliche Energiezufuhr von etwa 1500 Kilokalorien nicht überschreiten.

Der Kalorien- beziehungsweise Joulegehalt der Rezepte ist jeweils pro Portion angegeben (1 kcal = 4,184 kJ).

Pflanzenöle liefern wertvolle ungesättigte Fettsäuren

Zu 2. Fettverzehr:
Fett ist der Nährstoff, der uns die meiste Energie liefert: pro Gramm etwa 9 Kilokalorien (kcal) oder 38 Kilojoule (kJ).
Fette unterteilt man in zwei Gruppen: Zum einen in die sichtbaren Fette, wie Butter, Margarine und Öl, die man als Brotaufstrich oder zur Zubereitung der Speisen einsetzt, zum anderen in versteckte Fette, die in Wurst, Käse, Gebäck, Kuchen und vielen anderen Gerichten enthalten sind.

Der Tagesbedarf an Fett liegt zwischen 80 bis 100 Gramm pro Tag. Der Bundesbürger ißt aber im Durchschnitt 140 bis 150 Gramm Fett pro Tag. Allein die Menge der versteckten Fette beträgt dabei etwa 80 Gramm.

Diese Ernährungsfehler sollten Sie Ihrer Gesundheit zuliebe unbedingt korrigieren, unsere Rezepte helfen Ihnen dabei.

Bei der Zusammenstellung der Rezepte für dieses Buch haben wir ganz besonders darauf geachtet, daß nur Lebensmittel mit einem geringen Fettgehalt und Methoden zum fettsparenden Garen eingesetzt wurden. Bitte achten Sie bei Ihrem Einkauf vor allem auf den Fettgehalt von Fleisch und Fleischwaren, Milch und Milchprodukten, hier vor allem beim Käse. Die Beispiele in untenstehender Tabelle zeigen Ihnen, wieviel Fett Sie durch eine gezielte Lebensmittelauswahl einsparen können.

Eine Übersicht, welche Lebensmittel für Ihre Ernährung günstig und welche nicht zu empfehlen sind, finden Sie auf Seite 11.

Fett verbirgt sich in vielen Lebensmitteln

Zu 3. Ungesättigte Fettsäuren:

Ein weiteres Einteilungskriterium für Fette ist, tierische und pflanzliche voneinander zu unterscheiden.

Tierische Fette, wie sie in Fleisch und Wurst, Milch, Milchprodukten, Käse und Eiern vorkommen, enthalten Fette mit vorwiegend gesättigten Fettsäuren sowie Cholesterin. Der überhöhte Konsum von tierischen Fetten gilt als einer der wichtigsten Ernährungsfaktoren, die die Blutfettwerte in die Höhe treiben.

Pflanzliche Fette sind vor allem in Ölen, Samen und Nüssen enthalten. Sie sind besonders reich an mehrfach ungesättigten Fettsäuren, darunter an der lebensnotwendigen Linolsäure. Diese Fettsäuren können möglicherweise zu einer Senkung des Cholesterinspiegels führen.

Für die Zubereitung von Salaten und unerhitzten Speisen sowie als Brotaufstrich sollte man kalt gepreßte Öle beziehungsweise Diätmargarine bevorzugen, da sie besonders reich an wertvollen Fettsäuren sind. Da ein Teil davon beim Erhitzen zerstört wird, können Sie beim Kochen, Braten und Backen normale, preisgünstigere Öle, aber auch Diätmargarine einsetzen.

Bestimmte Fischarten, wie Wildlachs und Makrele, sind reich an Omega-3-Fettsäuren, die möglicherweise die Triglyceridkonzentrationen im Blut senken und auch andere Blutwerte günstig beeinflussen. Berücksichtigen Sie jedoch den Fettgehalt der oben genannten Fischsorten in Ihrem Tagesplan. Magerer Fisch ist ebenfalls ideal und sollte auf einem abwechslungsreichen, gesunden Speiseplan nie fehlen.

Praktische Tips:

– Tierische Fette (Butter, Schmalz, Fett aus Fleisch, Wurst, Käse und Eiern) möglichst einschränken. Rechnen Sie für eine Fleischportion maximal 150 Gramm, für Wurst und Käse als Brotbelag maximal 60 Gramm.

– Essen Sie einmal pro Woche Fisch. Wählen Sie magere Sorten, nur gelegentlich Fettfische, und rechnen etwa 200 Gramm pro Portion.

– Wenn Sie tierische Lebensmittel kaufen, bevorzugen Sie generell solche mit geringem Fettgehalt (siehe dazu die Beispiele auf Seite 11).

– Bevorzugen Sie als Streichfett Diätmargarine mit einem hohen Anteil an mehrfach ungesättigten Fettsäuren.

Ungünstige Lebensmittel			Günstige Austauschbeispiele		
100 g Schweinebauch	ca.	40 g Fett	100 g Schweinesteak	ca.	6 g Fett
100 g Gänsekeule	ca.	31 g Fett	100 g Putenbrust	ca.	1 g Fett
50 g Salami	ca.	25 g Fett	50 g Kochschinken	ca.	7 g Fett
½ l Vollmilch	ca.	18 g Fett	½ l fettarme Milch	ca.	8 g Fett
50 g Käse, 50 % Fett i.Tr.	ca.	17 g Fett	50 g Käse, 30 % Fett i.Tr.	ca.	8 g Fett
150 g Aal	ca.	42 g Fett	150 g Kabeljau	ca.	1 g Fett
insgesamt:	ca.	**173 g Fett**	**insgesamt:**	ca.	**31 g Fett**

– Verwenden Sie zum Kochen, Backen und Braten pflanzliche Fette, wie Sonnenblumenöl, Maiskeimöl, Distelöl, Olivenöl, in geringen Mengen. Da beim Erhitzen ein Teil der wertvollen Inhaltsstoffe verlorengeht, brauchen Sie hier keine kalt gepreßten Öle einzusetzen.

Für Salate genügt ein Teelöffel kalt gepreßtes Öl pro Person (ca. 3 g Öl), für Gemüse reichen 5 Gramm Diätmargarine aus. Achten Sie beim Garen von Fleisch auf fettarme Zubereitungen, zum Beispiel durch Kochen, Grillen, Garen in Folie, im Römertopf oder in der Mikrowelle. Beim Braten in beschichteten Pfannen benötigt man kein oder nur sehr wenig Fett.

Zu 4. Cholesterinzufuhr:

Cholesterin ist ein Fettbegleitstoff und nur in tierischen Lebensmitteln enthalten. Wenn man den Fettgehalt der Speisen, wie oben beschrieben, beschränkt, ist auch der Cholesteringehalt der Kost geringer. Die tägliche Zufuhr sollte 250 Milligramm Cholesterin nicht überschreiten. Zusätzlich gilt es, Lebensmittel mit einem sehr hohen Cholesteringehalt zu meiden. In der folgenden Tabelle sind die wichtigsten aufgeführt.

Cholesterinreiche Lebensmittel	Cholesteringehalt (in mg pro 100 g Lebensmittel)
Hirn	ca. 3150
Eigelb	ca. 1400
(1 Eigelb, im Durchschnitt ca. 300 mg)	
Niere	ca. 365
Leber	ca. 340
Butterschmalz	ca. 300
Kalbsbries	ca. 300
Austern	ca. 260
Butter	ca. 240
Hummer	ca. 180
Zunge	ca. 140
Aal	ca. 140
Garnele, Krabbe	ca. 130
Schweineschmalz und -speck	ca. 100
Bratwurst	ca. 100
Hartkäse, 45 % Fett i. Tr.	95–100
Eierteigwaren (Nudeln)	ca. 95
Wurstwaren, im Durchschnitt	ca. 90
Fleisch, im Durchschnitt	70–80

Der Verzicht auf Innereien läßt sich sicher leichter praktizieren als der sparsame Umgang mit Eiern. Eier sind in vielen Gerichten, wie Kuchen und Aufläufen, für das Gelingen wichtig. Da das Cholesterin nur im Eidotter enthalten ist, kann man das Eiklar uneingeschränkt verwenden. Die günstigen Koch- und Backeigenschaften erreicht man auch mit dem Eiklar, wie viele der Rezepte in diesem Buch beweisen.

Übrige Eigelbe können Sie eventuell an Bekannte weitergeben, die keine gesundheitlichen Probleme haben. Jedoch sollte auch der Gesunde nicht mehr als 300 Milligramm Cholesterin pro Tag zu sich nehmen, eine Menge, die allein in einem Eidotter enthalten ist!

Eidotter lassen sich aber auch gut für kosmetische Pflegepräparate einsetzen.

Praktische Tips:

– Streichen Sie cholesterinreiche Lebensmittel aus dem Speiseplan.
– Verwenden Sie Eigelb sehr sparsam, verzichten Sie möglichst ganz darauf und verwenden nur die Eiklare oder ein Eiersatzpulver. Auch beim Frühstücksei sollten Sie keine Ausnahme machen.

Zu 5. Zuckerkonsum:

Zucker zählt zur großen Gruppe der Kohlenhydrate. Er liefert pro Gramm etwa 4 Kilokalorien (etwa 17 Kilojoule).

Der Zuckerverzehr beträgt zur Zeit in der Bundesrepublik etwa 120 Gramm pro Kopf und Tag – das ist eindeutig zuviel! Die Deutsche Gesellschaft für Ernährung (DGE) empfiehlt maximal 30 bis 60 Gramm Zucker pro Tag.

Ein Verzicht auf die Geschmacksrichtung süß fällt manchem sicher schwer. Man kann es sich etwas einfacher machen, wenn man seine „Süßschwelle" nach und nach herabsetzt. Wenn Sie die natürliche Süßkraft von Obst nutzen, hat dies nicht nur den Vorteil, daß Sie Kalorien sparen, sondern auch den Effekt, daß die naturgegebenen Aromastoffe der Lebensmittel deutlicher in den Vordergrund rücken und man nicht, wie beim Zucker, nur leere Kalorien, sondern auch wertvolle Nährstoffe zu sich nimmt. Sehr zuckerreiche Süßigkeiten schmecken dann nach einiger Zeit einfach zu süß. Süßstoffe werden zwar häufig zur Erleichterung einer Reduktionsdiät empfohlen, ersetzt man den Zucker jedoch einfach, bleibt der oben angesprochene Effekt, der für die Ernährung danach so wichtig ist, aus.

Cholesterinreiche Lebensmittel

Fette Wurst und Eigelb sind sehr cholesterinreich. Zucker sollte nur ein Gewürz sein

In einigen Rezepten haben wir anstelle von Zucker Fruchtzucker eingesetzt. Dieser liefert, ebenso wie Haushaltszucker, etwa 4 Kilokalorien pro Gramm (17 Kilojoule), er hat jedoch den Vorteil, daß er in der Diabetesdiät verwendet werden kann. Da auch Diabetiker häufig einen zu hohen Cholesterinspiegel haben, sind die Rezepte in diesem Buch so angelegt, daß sie problemlos in der Diabeteskost eingesetzt werden können.

Praktische Tips:
– Setzen Sie Zucker nicht als Zutat, sondern als ein Gewürz ein.
– Bereiten Sie Süßspeisen nach Möglichkeit selbst zu und verzichten Sie auf Zucker. Verwenden Sie statt dessen pürierte Früchte. Beachten Sie auch die Rezepte für Marmeladen ohne Zucker Seite 22.
– Sensibilisieren Sie Ihre Geschmacksempfindung süß und verwenden Sie nur in der Übergangsphase geringe Mengen Süßstoff zum leichten Süßen.

Zu 6. Ballaststoffe und komplexe Kohlenhydrate:

Von den einfachen Kohlenhydraten, wie dem Haushaltszucker, unterscheidet man die komplexen. Hierzu zählen Stärke und Ballaststoffe. Stärke kann von den Enzymen des menschlichen Darms verdaut werden, ihre Bausteine werden jedoch anders wie beim Haushaltszucker langsam ins Blut aufgenommen, was den Stoffwechsel entsprechend weniger belastet. Ballaststoffe sind dagegen unverdaulich. Trotzdem sind sie nicht nur ein Ballast! Durch eine ballaststoffreiche Ernährung kann der Cholesterinspiegel gesenkt werden. Gleichzeitig kann man eine Verstopfung im Darm wirksam beseitigen. Reich an komplexen Kohlenhydraten sind Vollkornbrot und andere Vollkornprodukte, Gemüse, Hülsenfrüchte, Kartoffeln, Nüsse, Samen und Obst. Diese Lebensmittel enthalten darüber hinaus wenig Fett, dagegen viele Vitamine und Mineralstoffe. Leider tauchen die genannten Lebensmittel viel zu selten auf dem Speiseplan auf. Unsere Rezepte zeigen Ihnen, wie man daraus gesunde Köstlichkeiten zaubern kann.

Praktische Tips:
– Essen Sie viel frisches Gemüse, Hülsenfrüchte, Salat und Obst.
– Ziehen Sie Vollkornprodukte aller Art raffinierten, ballaststoffarmen Weißmehlprodukten und weißem Reis vor.

Vollkornprodukte, frisches Gemüse und Obst sind die Basis einer gesunden Ernährung

Zu 7. Alkohol:

Leider ist der Alkoholkonsum in der Bundesrepublik im Durchschnitt der Bevölkerung zu hoch. Daß eine zu hohe Alkoholzufuhr auf Dauer soziale Bindungen stört und im Körper, zum Beispiel in der Leber, Schaden anrichtet, wissen viele. Daß er reichlich Kalorien liefert, wird dagegen häufig übersehen: 1 Gramm Alkohol enthält etwa 7 Kilokalorien (ca. 30 Kilojoule). Dies bedeutet, daß ein Glas Weinbrand mit 38 Vol% (2 cl) etwa 43 Kilokalorien liefert. Der Alkoholkonsum ist nicht selten ein wichtiger Faktor bei der Entstehung von Übergewicht. Diabetiker sollten nach Möglichkeit auf alkoholische Getränke verzichten oder das spezielle Angebot für Diabetiker nutzen.

Zu 8. Kochsalzverzehr:

Besonders wenn Sie einen zu hohen Blutdruck haben, ist es wichtig, daß Sie den Salzgehalt Ihrer Kost einschränken. Die Empfehlung der Deutschen Gesellschaft für Ernährung (DGE) liegt bei einer täglichen Kochsalzzufuhr von 5 bis 6 Gramm. Wir essen aber im Durchschnitt etwa 15 Gramm.

Kochsalz (chemische Formel $NaCl$) ist in vielen Grundnahrungsmitteln, wie Brot (pro 100 g zwischen 1 und 2 g), Wurst und Käse (pro 100 g 2 bis 3 g), reichlich enthalten. Zusätzlich werden viele Speisen noch bei der Zubereitung oder am Tisch gesalzen, und dies summiert sich dann zu einer Menge, die die Empfehlungen weit übertrifft.

Achten Sie bitte auch auf den Natriumgehalt von Mineralwässern. Einige Sorten enthalten 500 bis über 1000 Milligramm Natrium in einem Liter, das entspricht einer Kochsalzmenge von 1 bis 3 Gramm. Bevorzugen Sie Mineralwasser mit weniger als 100 Milligramm, besser weniger als 50 Milligramm Natrium pro Liter. Die Angaben finden Sie auf den Etiketten.

Wie bei der Geschmacksempfindung süß ist auch die für salzig eine Sache der Gewöhnung. Versuchen Sie, die Schwelle langsam zu senken.

Da die Jodversorgung in einigen Teilen der Bundesrepublik kritisch ist, sollten Sie einem möglichen Mangel durch die Verwendung von Meersalz oder jodiertem Speisesalz vorbeugen. Setzen Sie diese aber ebenfalls sehr sparsam ein.

Lebensmittelauswahl bei cholesterinarmer Kost

Lebensmittel	empfehlenswert	nicht empfehlenswert
Fleisch und Fleischwaren	Huhn- und Putenfleisch ohne Haut, mageres Rind-, Kalb-, Schweine- und Wildfleisch, Lamm, magere Fleischwaren wie Geflügelwurst, Roastbeef, roher Schinken, Rindersaftschinken, Bündnerfleisch, Corned beef	Gans- und Entenfleisch, fettes Rind-, Schweine- und Kalbfleisch sowie Hammelfleisch, alle fettreichen Wurstsorten wie Blut- und Leberwurst, Teewurst, Mettwurst, Salami, Fleischwurst
Fisch und Fischwaren	fettarme Fischarten wie Flunder, Kabeljau, Schellfisch, Scholle, Seehecht, Seelachs, frischer Thunfisch, Barsch, Hecht und Zander und ab und an Lachs, Makrele oder Schillerlocken	fettreiche Fischarten wie Hering, Aal, geräucherter Fisch, Kaviar, Hummer, Krabben und Fischkonserven
Eier und Eierspeisen	Eiklar und dotterfreies Eipulver (Eiersatz)	Eidotter, Vollei, Mayonnaise, Gebäck und Gerichte, die mit Vollei hergestellt sind
Kartoffeln	Kartoffeln und fettarme Zubereitungen aus Kartoffeln wie Folienkartoffeln, Kartoffelpuree mit fettarmer Milch zubereitet und Pellkartoffeln	fritierte Kartoffeln, Kartoffelpuffer, Pommes frites, Kroketten, Chips, Kartoffelsalat mit Mayonnaise
Gemüse und Pilze	alle Gemüsesorten, frisch und tiefgekühlt, Blattsalate, Pilze, Hülsenfrüchte, Nüsse und Mandeln in geringen Mengen, Samen und Sprossen	Avocado, Gemüsekonserven
Obst und Obstwaren	alle frischen Sorten, Obstkonserven ohne Zucker, ungesüßte Fruchtzubereitungen, Konfitüre oder Marmelade mit Süßstoff oder ungesüßt	gesüßte Obstkonserven, Kompott oder Fruchtsäfte
Milch und Milchprodukte	fettarme und entrahmte Milch, fettarmer Joghurt, mit Süßstoff gesüßt, Kondensmilch 4 % Fett, Käse bis 30 % Fett i.Tr., Magerquark, magere Dickmilch, Kefir und saure Sahne in geringen Mengen	Vollmilch, Joghurt mit Frucht gesüßt, Sahne, Crème fraîche, Crème double Käse über 30 % Fett i.Tr., Quark mit 20 % Fett und mehr
Brot und Backwaren	Vollkornbrot, Roggenbrot, Vollkornknäckebrot, Pumpernickel, leicht gesüßtes Vollkorngebäck	Weißbrot, Toast, Zwieback und gesüßtes Gebäck aus weißem Mehl und mit Vollei gebacken
Nährmittel	Vollkornmehl, Vollkornreis, Vollkornteigwaren	isolierte Stärke (Kartoffelstärke, Weizenstärke u.a.), Weizenmehl Type 405 in größeren Mengen
Süßspeisen	fettarme Desserts, eventuell mit wenig Süßstoff, besser mit Früchten gesüßt, Gelatine als Bindung, Obstsalat aus frischen Früchten, Quark- und Joghurtspeisen	Cremes und Puddings mit Sahne und Vollei, Crêpes, Eiscreme, alkoholaromatisierte Speisen

Praktische Tips:

– Verwenden Sie Salz nur sehr sparsam. Bevorzugen Sie statt dessen frische Kräuter und Gewürze, jedoch keine Gewürzmischungen, da diese häufig sehr salzreich sind.
– Achten Sie beim Einkauf auf den Natriumgehalt von Mineralwasser. Günstige Sorten enthalten etwa 50 Milligramm Natrium pro Liter.
– Verzichten Sie auf salzreiche Speisen, wie Kartoffelchips, geräucherte oder gepökelte Waren und andere, und auf das Nachsalzen, auch im Restaurant.

Frische Kräuter helfen, den Salzverzehr einzuschränken

Zu den Rezepten

Alle Rezepte in diesem Buch sind so konzipiert, daß sie die Anforderungen einer cholesterin- und fettarmen Kost erfüllen. Es wird jeweils darauf hingewiesen, daß man nur wenig Salz bei der Zubereitung verwenden sollte, was besonders für Bluthochdruckpatienten wichtig ist. Das Aroma stammt aus frischen Kräutern und Gewürzen. (Ist ein Rezept für diese Patienten zu salzreich, so finden Sie am Ende des betreffenden Rezeptes einen entsprechenden Hinweis.)

Die Gerichte sind kalorienreduziert und daher auch in einer Reduktionskost einsetzbar, und sie berücksichtigen die Empfehlungen für die Ernährung bei Diabetes mellitus Typ II.

Die Nährstoffberechnungen am Ende eines jeden Rezeptes erleichtern es Ihnen, einen Tagesplan für Ihre speziellen Anforderungen aufzustellen. Alle Angaben sind Näherungswerte und für jeweils 1 Portion errechnet.

Auf den Seiten 13 bis 15 haben wir für Sie Vorschläge für Tagespläne mit Gerichten aus dem Rezeptteil dieses Buches erarbeitet. Für jede der fünf Mahlzeiten sind die Inhaltsstoffe angegeben, so daß Sie sie nach Belieben austauschen oder variieren können. In den Tagesplänen sind keine Getränke berücksichtigt. Trinken Sie insgesamt etwa 1½ Liter Flüssigkeit über den Tag verteilt. Tee oder Kaffee mit Süßstoff und Kaffeesahne mit 4 Prozent Fett sind ideal zum Frühstück und enthalten nur wenige Kalorien. Mineralwasser ist kalorienfrei. Bevorzugen Sie darüber hinaus Fruchtsaftschorlen aus frisch gepreßten Säften und Fruchtsaftgetränke ohne Zuckerzusatz. Die Kalorien der Getränke müssen Sie bei den Tagesplänen zusätzlich berücksichtigen.

Vielfach haben wir bei den Zubereitungen Vollkornmehl eingesetzt, zum Teil jedoch auch mit einer Mischung aus Roggen- und hellem Weizenmehl gearbeitet, um für jede Vorliebe eine günstige Alternative anzubieten. Wenn Sie helles Weizenmehl durch Vollkornmehl ersetzen möchten, müssen Sie die Flüssigkeitsmenge jeweils leicht erhöhen und den Teig einige Zeit nach der Zubereitung quellen lassen.

Bindungen sind in den Rezepten meist mit Mehl angegeben. Eine gute und kalorienarme Variante ist das Binden von Flüssigkeiten mit Nestargel oder Biobin. Diese Produkte bietet der Reformkosthandel an, die richtige Anwendung entnehmen Sie bitte der Packungsanweisung.

Die Mengenangaben, die entweder direkt vor einer Zutat oder in Klammern dahinter stehen, geben den küchenfertigen Anteil an, das heißt, Küchenabfälle sind bei allen Maßangaben nicht berücksichtigt.

Bei Kräutern und Blattsalaten wurde bewußt auf Grammangaben verzichtet. Der Kaloriengehalt ist so gering, daß Sie die Mengen beliebig erweitern können.

Die Zubereitungszeiten geben, falls Back- oder Garzeiten im Ofen nicht gesondert ausgewiesen sind, die Vorbereitungs- und Garzeit des jeweiligen Gerichtes an. Hier wurden durchschnittliche Werte zugrunde gelegt, die natürlich individuellen Schwankungen unterworfen sind.

Angaben, wie 1 Teelöffel oder 1 Eßlöffel, gehen von gestrichenen Maßen aus.

Erklärung der Abkürzungen:	
cl	= Zentiliter (100 cl = 1 l)
EL	= Eßlöffel
g	= Gramm (= 1000 mg)
kg	= Kilogramm (= 1000 g)
l	= Liter (= 1000 ml)
mg	= Milligramm
Min.	= Minuten
ml	= Milliliter
Msp.	= Messerspitze
Std.	= Stunde
TK-...	= Tiefkühl ...
TL	= Teelöffel
Chol	= Cholesterin
E	= Eiweiß
F	= Fett
kcal	= Kilokalorien (1 kcal = 4,184 kJ)
KH	= Kohlenhydrate
kJ	= Kilojoule (1 kJ = 0,24 kcal)

TAGESPLÄNE

„Cholesterinarm kochen und genießen": Der Titel dieses Buches macht deutlich, daß die hier vorgestellte Ernährungsweise gesund und zugleich für Feinschmecker gedacht ist. Sie dient gleichermaßen der Behandlung und Vorbeugung. Mein besonderes Augenmerk galt der Auswahl der Lebensmittel, wie frischem Gemüse und Früchten der Saison, fettarmem Fisch und Vollkornprodukten in allen Variationen, sowie dem attraktiven Anrichten aller Speisen. Berücksichtigt habe ich vor allem die Empfehlung der Deutschen Gesellschaft für Ernährung, den Fleischverzehr zu verringern, ich verzichte auf den Einsatz von Eidotter, Butter, Sahne und Innereien, die alle sehr cholesterinreich sind. Probieren Sie selbst, es schmeckt trotzdem ganz hervorragend. Alle Gerichte werden nur kurz gegart, damit möglichst wenige Vitamine und Mineralstoffe verlorengehen. Gewürze und frische Kräuter machen es leicht, auf Kochsalz weitgehend zu verzichten. Richtungsweisend in der gesunden Ernährung ist eine vollwertige, cholesterinarme Kost, wie ich sie Ihnen in meinen Rezepten vorstellen möchte. Ich wünsche Ihnen beim Nachkochen der Rezepte gutes Gelingen und viele schöne Stunden des Genießens.

Ihr Rolf Unsorg

Vorschlag 1

Frühstück
2 Frühstücksbrötchen (Seite 18)
2 EL Diätmargarine (20 g)
2 EL Waldbeerenmarmelade mit Schuß (40 g) (Seite 23)
1 Scheibe Edamer 30 % Fett i.Tr. (30 g)
1 Scheibe Lachsschinken (10 g)
20 g Salatgurke

557 kcal • 2330 kJ • 29 g F • 17 mg Chol • 54 g KH • 19 g E

1. Zwischenmahlzeit
Buttermilch-Sanddorn-Flip (Seite 33)
2 Scheiben eifreien Zwieback oder Mürbeteigkekse (20 g)

144 kcal • 600 kJ • 2 g F • 5 mg Chol • 24 g KH • 7 g E

Mittagessen
Rumpsteak à la Strindberg (Seite 82)
Champignonkartoffeln (Seite 124)
Erbsen französische Art (Seite 130)

679 kcal • 2841 kJ • 29 g F • 181 mg Chol • 53 g KH • 51 g E

2. Zwischenmahlzeit
1 Stück Apfelkuchen mit Mandelhaube (Seite 156)

186 kcal • 777 kJ • 8 g F • 0 mg Chol • 25 g KH • 4 g E

Abendessen
2 Scheiben Vollkornbrot (100 g)
1 EL Diätmargarine (10 g)
Lauchscheiben mit Paprikacreme (Seite 50)

370 kcal • 1550 kJ • 16 g F • 0,5 mg Chol • 46 g KH • 17 g E

insgesamt: 1936 kcal • 8098 kJ • 84 g F • 204 mg Chol • 202 g KH • 98 g E

Frühstücksbrötchen

Rumpsteak à la Strindberg

Erdnuß-Curry-Dip

Putenbrust mit Lachsfüllung

Vorschlag 2

Frühstück
2 Roggenbrötchen (120 g)
2 EL Diätmargarine (20 g)
60 g Camembert 30 % Fett i.Tr.
2 EL Marmelade von exotischen Früchten
(40 g) (Seite 22)

624 kcal • 2613 kJ • 27 g F • 26 mg Chol •
71 g KH • 22 g E

1. Zwischenmahlzeit
Gartengemüse mit Erdnuß-Curry-Dip
(Seite 30)
oder 150 g frische Beeren mit 50 g cremig
gerührtem Magerquark und Süßstoff

Gemüse: 123 kcal • 517 kJ • 4 g F •
0 mg Chol • 16 g KH • 7 g E
Obst: 94 kcal • 393 kJ • 1 g F • 0 mg Chol •
13 g KH • 9 G E

Mittagessen
Melonen-Schinken-Cocktail (Seite 45)
Kalbsröllchen in Currycreme (Seite 84)
Tomatennudeln (Seite 122)
Variation von Spargel in Vinaigrette
(Seite 139)

648 kcal • 2712 kJ • 15 g F • 126 mg Chol •
75 g KH • 56 g E

2. Zwischenmahlzeit
1 Apfel (125 g) mit 50 g eifreien Mürbeteig-
keksen oder 2 Scheiben eifreiem Zwieback

151 kcal • 632 kJ • 2 g F • 0 mg Chol •
32 g KH • 2 g E

Abendessen
Keniaböhnchen mit Entenbrust (Seite 45)
2 Scheiben Vollkorntoast (40 g)
1 EL Diätmargarine (10 g)

256 kcal • 1069 kJ • 17 g F • 32 mg Chol •
13 g KH • 12 g E

insgesamt mit Gemüse: 1802 kcal • 7543 kJ •
65 g F • 184 mg Chol • 207 KH • 99 g E
insgesamt mit Obst: 1773 kcal • 7419 kJ •
62 g F • 184 mm Chol • 204 g KH • 101 g E

Vorschlag 3

Frühstück
2 Scheiben Vollkorntoast (40 g)
1 EL Diätmargarine (5 g)
Paprikaquark mit Staudensellerie
(Seite 20)
1 EL Erdbeer-Bananen-Marmelade (20 g)
(Seite 22)

318 kcal • 1329 kJ • 10 g F • 2 mg Chol •
35 g KH • 19 g E

1. Zwischenmahlzeit
Vitaminflip (Seite 33)
1 Scheibe Vollkornbrot (60 g)
1 TL Diätmargarine (5 g)

208 kcal • 866 kJ • 7 g F • 4 mg Chol •
28 g KH • 9 g E

Mittagessen
Schneckensuppe mit Knoblauchcroûtons
(Seite 61)
Putenbrust mit Lachsfüllung (Seite 93)
Wilder Reis (Seite 120)
Weiße und gelbe Rübchen (Seite 133)
Rhabarber-Apfel-Grütze (Seite 148)

1064 kcal • 4461 kJ • 48 g F • 131 mg Chol •
93 g KH • 56 g E

2. Zwischenmahlzeit
1 Portion Pflaumenbuchteln (Seite 159)

131 kcal • 545 kJ • 5 g F • 1 mg Chol •
17 g KH • 5 g E

Abendessen
Ravioli mit Tofu-Spinat-Füllung (Seite 67)

299 kcal • 1249 kJ • 7 g F • 0 mg Chol •
38 g KH • 18 g E

insgesamt: 2020 kcal • 8450 kJ • 77 g F •
138 mg Chol • 211 g KH • 107 g E

Vorschlag 4

Frühstück
Exotisches Müsli von Hafer und Hirse
(Seite 25)
1 Scheibe Vollkorntoast (20 g)
1 TL Diätmargarine (5 g)
1 Scheibe gekochter Schinken ohne Fettrand (30 g)

371 kcal • 1553 kJ • 14 gF • 24 mg Chol •
49 g KH • 13 g E

1. Zwischenmahlzeit
Früchtejoghurt mit Borretschblüte
(Seite 33)
2 Scheiben eifreier Zwieback oder Mürbeteigkekse (20 g)

187 kcal • 782 kJ • 6 g F • 0 mg Chol •
26 g KH • 7 g E

Mittagessen
Erlesener Gemüseeintopf (Seite 110)
1 Scheibe Vollkornbrot (60 g)
Waldbeerencup (Seite 149)

281 kcal • 1179 kJ • 8 g F • 4 mg Chol •
42 g KH • 13 g E

2. Zwischenmahlzeit
1 Stück Mandel-Kirsch-Kuchen (Seite 157)

231 kcal • 966 kJ • 11 g F • 0 mg Chol •
30 g KH • 4 g E

Abendessen
Gefüllte Weinblätter griechischer Art
(Seite 113)
2 Portionen Römische Nocken (Seite 120)
Spinat-Radicchio-Salat (Seite 143)

627 kcal • 2625 kJ • 25 g F • 8 mg Chol •
79 g KH • 24 g E

insgesamt: 1697 kcal • 7105 kJ • 64 g F •
36 mg Chol • 226 g KH • 61 g E

Vorschlag 5

Frühstück
Hafervollkornmüsli mit Waldbeeren
(Seite 24)
1 Scheibe Vollkornbrot (60 g)
1 TL Diätmargarine (5 g)
1 Stück Camembert 30 % Fett i.Tr. (30 g)

398 kcal • 1666 kJ • 16 g F • 22 mg Chol •
48 g KH • 17 g E

1. Zwischenmahlzeit
Gartengemüse (Seite 30) mit Tomaten-
Estragon-Dip (Seite 31)
oder Obstsalat aus 200 g Früchten

Gemüse: 66 kcal • 278 kJ • 1 g F • 0 mg Chol •
12 g KH • 3 g E
Obstsalat: 114 kcal • 477 kJ • 1 g F •
4 mg Chol • 26 g KH • 1 g E

Mittagessen
Tomatencremesuppe mit Quarknocken
(Seite 62)
Dorschfilet im Sesammantel (Seite 105)
200 g Pellkartoffeln
Eisberg-Fenchel-Salat (Seite 145)

602 kcal • 2522 kJ • 18 g F • 101 mg Chol •
58 g KH • 54 g E

2. Zwischenmahlzeit
Grießflammeri auf Rhabarber (Seite 150)

180 kcal • 749 kJ • 0 g F • 0 mg Chol •
37 g KH • 8 g E

Abendessen
1 Scheibe Vollkornbrot (60 h)
1 TL Diätmargarine (5 g)
1 Scheibe Lachsschinken (10 g)
Dialog von Linsen (Seite 49)

459 kcal • 1919 kJ • 9 g F • 0,1 mg Chol •
65 g KH • 27 g E

insgesamt mit Gemüse: 1705 kcal •
7134 kJ • 44 g F • 123 mg Chol •
220 g KH • 109 g E

Exotisches Müsli

Dorschfilet im Sesammantel

DAS FRÜHSTÜCK

Eine gesunde Ernährung beginnt beim Frühstück. Der Körper verwendet die Nahrungsenergie, die ihm in den ersten Stunden des Tages zugeführt wird, vornehmlich für die Muskeltätigkeit, während er die abends vor der Nachtruhe reichlich zugeführten Kalorien eher in seine Fettdepots einlagert. Ist es Ihnen früh morgens noch nicht möglich, ausreichend zu frühstücken, holen Sie dies ein bis zwei Stunden später nach. Ihren Frühstückstisch sollten Sie stets reich decken mit Vollkornbrot oder -brötchen, dazu Diätmargarine und cholesterin- und zuckerarme Beläge und Aufstriche. Hier bieten sich magerer Geflügelaufschnitt, Corned beef, Roastbeef, magerer Rindersaftschinken oder Pflanzenpastete (ein rein pflanzliches, jedoch der Wurst im Geschmack ähnliches Produkt aus dem Reformhaus) an. Auch fettreduzierter Frischkäse und cremig gerührter Magerquark schmecken morgens gut zum Vollkornbrot oder -toast. Wer es lieber süß mag, kann zuckerarme Marmeladen und frisches Obst auf seinen Frühstückstisch stellen. Letzteres ist besonders in einem Müsli zu empfehlen, das, mit Magerjoghurt, fettarmer Milch, Dickmilch oder Kefir gemischt, erfrischend und ballaststoffreich zugleich ist.

Die Rezepte im nachfolgenden Kapitel machen es Ihnen leicht, Ihren Frühstückstisch mit neuen Ideen stets abwechslungsreich und appetitlich zu gestalten.

Frühstücksbrötchen mit Haferflocken

Zubereitungszeit:
ca. 30 Min.
Zeit zum Gehen:
ca. 40 Min.
Vorheizen des Backofens
auf 200° C
Backzeit: 15–20 Min.

Für ca. 20 Brötchen

300 g Weizenvoll-
kornmehl
200 g Roggenmehl
Type 997
1 Würfel frische Hefe
(40 g)
1 TL Fruchtzucker (5 g)
ca. 400 ml lauwarmes
Wasser
2 EL kalt gepreßtes
Sonnenblumenöl (20 g)
1 Prise gemahlener
Koriander
¼ TL Meersalz
4 EL Sesam (40 g)
4 EL Haferflocken (40 g)
2 EL Diätmargarine (20 g)

1. Das Weizen- und das
Roggenmehl in eine
Schüssel sieben und in die
Mitte eine Mulde drücken.
2. Die Hefe hineinbrök-
keln und mit dem Frucht-
zucker, einem Teil des
Wassers und etwas Mehl
vom Rand zu einem Vor-
teig verrühren. Etwas
Mehl darüberstäuben und
den Vorteig abgedeckt an
einem warmen Ort etwa
15 Minuten gehen lassen.

3. Dann das Öl, den
Koriander, wenig Meer-
salz, Sesam und soviel
Wasser unterkneten, daß
ein geschmeidiger Teig
entsteht. Etwa 10 Minuten
kneten, abdecken und
etwa 15 Minuten gehen
lassen.
4. Den Teig durchkneten
und in 20 gleichgroße
Stücke teilen. Diese mit
bemehlten Händen zu
Kugeln formen, oben
jeweils mit einem Kreuz-
schnitt versehen, mit Wasser bestreichen und mit
Haferflocken bestreuen.
5. Die Brötchen auf ein
gefettetes Backblech
legen, nochmals etwa
10 Minuten gehen lassen
und 15 bis 20 Minuten
backen. Anschließend
auskühlen lassen.

Pro Stück 120 kcal • 501 kJ •
3 g F • 0,2 mg Chol •
19 g KH • 4 g E

Tip
Während des Backvor-
gangs empfiehlt es sich,
eine Schale mit Wasser in
den Ofen zu stellen.
Dadurch wird die Ober-
fläche der Brötchen leicht
braun.
Übrige Brötchen lassen
sich gut einfrieren. Tun
Sie dies, wenn sie noch
leicht warm sind, dann
sind sie beim Auftauen
frischer.

Roggen-Kräuter-Brot

Zubereitungszeit:
ca. 25 Min.
Zeit zum Gehen:
ca. 50 Min.
Vorheizen des Backofens
auf 250°C
Backzeit: ca. 70 Min.

Für 1 Brot à ca. 600 g

300 g Roggenmehl
Type 997
150 g Weizenmehl
Type 405
25 g frische Hefe
$\frac{1}{4}$ l lauwarme, fettarme
Milch
5 EL lauwarmes Wasser
$\frac{1}{4}$ TL Meersalz
2 EL gehackte Kräuter
(Dill, Schnittlauch,
Thymian, Petersilie)
je 1 TL gemahlener
Kümmel, Fenchel und
Anis
frisch gemahlener
schwarzer Pfeffer
1 EL Diätmargarine (10 g)
$\frac{1}{8}$ l lauwarme,
fettarme Milch

1. Das Roggen- und Weizenmehl in eine Schüssel
sieben und in die Mitte
eine Mulde drücken.
2. Die Hefe hinein-
bröckeln, mit der lauwar-
men Milch und etwas
Mehl vom Rand zu einem
Vorteig verrühren. Diesen
mit Mehl bestäuben, die
Schüssel abdecken und
den Teig etwa 15 Minuten
an einem warmen Ort
gehen lassen.

3. Anschließend das
Wasser, das Meersalz und
das restliche Mehl mit
dem Vorteig zu einem
geschmeidigen Teig kne-
ten und diesen etwa
15 Minuten gehen lassen.
4. Die gehackten Kräuter
und die Gewürze einar-
beiten und den Teig in
eine ausgefettete,
bemehlte Kastenform
(ca. 30 cm lang) geben.
5. Das Brot weitere
20 Minuten gehen lassen
und anschließend bei
250 Grad Celsius etwa
10 Minuten vorbacken.
6. Den Backofen auf
150 Grad Celsius herunterschalten, das Brot mit lau-
warmer Milch bestreichen
und 55 bis 60 Minuten fertig backen. Anschließend
auskühlen lassen.

Pro Scheibe (50 g)
88 kcal • 369 kJ • 1 g F •
1 mg Chol • 16 g KH •
4 g E

Tip
Das Brot ist fertig gebak-
ken, wenn Sie mit dem
Fingerknöchel an seine
Unterseite klopfen und es
hohl klingt.
Einen pikanten Aufstrich
finden Sie unter anderem
auf Seite 20.

Grundrezept für pikante Quarkcremes

Zubereitungszeit:
ca. 5 Minuten

Für 4 Personen

400 g Magerquark
3 EL fettarme Milch (50 g)
frisch gemahlener Pfeffer
1 Prise Meersalz

1. Den Magerquark mit der Milch glatt rühren.
2. Die Quarkcreme mit Pfeffer und wenig Meersalz pikant abschmecken. Dieses Grundrezept dient als Basis für die folgenden Rezepte.

79 kcal • 327 kJ • 0,5 g F • 2 mg Chol • 5 g KH • 14 g E

Frankfurter Kräuterquark mit Kürbiskernen

Zubereitungszeit:
ca. 15 Minuten

Für 4 Personen

1 Grundrezept für pikante Quarkcremes
4 EL gehackte Kräuter für grüne Sauce (Borretsch, Pimpernelle, Kerbel, Petersilie, Schnittlauch, Zitronenmelisse)
2 TL Kürbiskerne (10 g)
¼ Kopf Radicchio

1. Die Quarkgrundmasse zubereiten. Die frischen gehackten Kräuter dazugeben und alles gut mischen, eventuell nachwürzen.
2. Die Kürbiskerne in einer beschichteten Pfanne ohne Fettzugabe leicht rösten.

3. Den Frankfurter Kräuterquark portionsweise auf Radicchioblättern anrichten und die Kürbiskerne jeweils darüberstreuen.

99 kcal • 413 kJ • 2 g F • 2 mg Chol • 5 g KH • 15 g E

Meerrettichquark mit Pumpernickel

Zubereitungszeit:
ca. 15 Min.

Für 4 Personen

1 Grundrezept für pikante Quarkcremes
1 Stück frischer Meerrettich (40 g)
1 Bund Schnittlauch
¼ Kopf Eichblattsalat
2 Scheiben Pumpernickel (60 g)

1. Die Quarkgrundmasse zubereiten.
2. Den Meerrettich gut waschen, schälen und fein raspeln. Den Schnittlauch in feine Ringe schneiden.
3. Beides mit dem Quark mischen und eventuell würzen.
4. Den Quark portionsweise auf Eichblattsalat anrichten und mit geriebenem Pumpernickel bestreuen.

119 kcal • 496 kJ • 1 g F • 2 mg Chol • 13 g KH • 15 g E

Tip
Der Meerrettichquark kann als Brotaufstrich gegessen oder zu verschiedenen mageren, kalten Braten kombiniert werden.

Paprikaquark mit Staudensellerie

Zubereitungszeit:
ca. 15 Min.

Für 4 Personen

1 Grundrezept für pikante Quarkcremes
je ½ rote und grüne Paprikaschote (à 60 g)
¼ Staude Bleichsellerie (50 g)
4 Blatt Friséesalat
2 EL Leinsamenschrot (20 g)

1. Die Quarkgrundmasse zubereiten.
2. Die Paprikaschoten von restlichen Kernen befreien und das Fruchtfleisch in kleine Würfel schneiden. Den Bleichsellerie putzen, waschen und ebenfalls in kleine Würfel schneiden.
3. Die Quarkmasse mit den Gemüsewürfeln verrühren und eventuell nachwürzen. Mit einem Eßlöffel von dem Quark Nocken abstechen und diese portionsweise jeweils auf einem Salatblatt anrichten und mit Leinsamenschrot bestreuen.

109 kcal • 454 kJ • 2 g F • 2 mg Chol • 6 g KH • 16 g E

Tip
Den Quark sollt man erst kurz vor dem Servieren zubereiten, da er bei längerem Stehen leicht Wasser zieht.

Erdbeer-Bananen-Marmelade

Zubereitungszeit:
ca. 30 Min.

Für 4 Gläser à 250 g

250 g Fruchtzucker
1 Beutel Gelier-Leicht
750 g Erdbeeren
250 g geschälte Banane
3 EL Zitronenmelisse

1. Den Fruchtzucker mit dem Gelier-leicht mischen.
2. Die Erdbeeren waschen, abtropfen lassen, putzen und in Viertel schneiden. Die Banane in gleichgroße Stücke schneiden.
3. Die Fruchtstücke und die Fruchtzucker-Gelier-Mischung in einen Topf geben, verrühren und 2 bis 3 Minuten leicht köcheln lassen. Machen Sie danach eine Gelier-probe (siehe Tip).
4. Die Zitronenmelisse waschen, die Blättchen in Streifen schneiden und unter die Marmelade heben. Anschließend nicht mehr kochen lassen, da sonst der säuerliche Geschmack verlorengeht.
5. Die Marmelade noch heiß in Gläser füllen und diese sofort mit einem Schraubdeckel oder Cellophan verschließen.

Pro Glas 363 kcal • 1522 kJ • 1 g F • 0 mg Chol • 86 g KH • 2 g E

Tip
Machen Sie nach dem Kochen eine Gelierprobe, indem Sie etwa 1 Eßlöffel Marmelade auf einer Untertasse auskühlen lassen. Geliert sie nicht, müssen Sie die Marmelade noch einige Minuten kochen lassen.

Marmelade von exotischen Früchten

Zubereitungszeit:
ca. 60 Min.

Für 4 Gläser à 250 g

250 g Fruchtzucker
1 Beutel Gelier-leicht
1 Carambola (150 g)
1 Mango (250 g)
2 kleine geschälte Bananen (250 g)
Saft von 1 Zitrone
$\frac{1}{4}$ l frischer Grapefruitsaft
2 Kiwis (100 g)
4 EL gerösteter Sesam (40 g)

1. Den Fruchtzucker mit dem Gelierleicht mischen.
2. Die Carambola gut waschen, vierteln und in dünne Scheiben schneiden.
3. Die Schale der Mango mit einem scharfen Messer im Abstand von wenigen Zentimetern von oben nach unten einritzen und abziehen. Die Frucht halbieren, den Kern heraus-schneiden und das Fruchtfleisch in dünne Scheiben schneiden. Die Banane würfeln.
4. Den Zitronensaft mit dem Grapefruitsaft in einem Topf erhitzen, die vorbereiteten Früchte und die Fruchtzucker-Gelier-Mischung hinzugeben, verrühren und dann etwa 1 Minute kochen lassen.
5. Inzwischen die Kiwis schälen, halbieren und in Scheiben schneiden. In die Marmelade geben und nochmals etwa 1 Minute köcheln lassen. Machen Sie die Gelierprobe (siehe Tip zu Erdbeer-Bananen Marmelade").
6. Die Marmelade vom Herd nehmen, den Sesam hinzugeben und nicht mehr kochen lassen. Die Marmelade noch heiß in Gläser füllen und sofort mit einem Schraubdeckel verschließen.

Pro Glas 451 kcal • 1892 kJ • 6 g F • 0 mg Chol • 96 g KH • 4 g E

Waldbeerenmarmelade mit Schuß

Zubereitungszeit:
ca. 20 Min.

Für 4 Gläser à 250 g

250 g Fruchtzucker
1 Beutel Gelier-Leicht
je 300 g Heidelbeeren,
kleine Brombeeren und
Himbeeren
100 g rote Johannisbeeren
wenig Süßstoff nach
Belieben
1 EL Kirschwasser (15 ml)

1. Den Fruchtzucker mit
dem Gelierleicht mischen.
2. Die Beeren waschen,
abtropfen lassen, verlesen
und in einen Topf geben.
Mit der Fruchtzucker-
Gelier-Mischung sorgfältig
verrühren.
3. Alles 2 bis 3 Minuten
leicht köcheln lassen. Den
Topf vom Herd ziehen,
eine Gelierprobe machen
(siehe Tip zu „Erdbeer-
Bananen-Marmelade")
und die Marmelade bei
Bedarf mit Süßstoff süßen.
4. Dann das Kirschwasser
hinzugeben, gut verrüh-
ren, aber nicht mehr
kochen lassen.
5. Die Marmelade noch
heiß in Gläser füllen und
diese sofort mit einem
Schraubdeckel oder Cello-
phan verschließen.

Pro Glas
395 kcal • 1651 kJ • 2 g F •
0 mg Chol • 90 g KH •
3 g E

Hafervollkornmüsli mit Waldbeeren

Zubereitungszeit:
ca. 10 Min.
Zeit zum Quellen:
ca. 10 Min.

Für 4 Personen

200 g Magerjoghurt
4 EL fettarme Milch (50 g)
3 TL ungesüßter Sand-dornsaft (15 g)
Saft von ¼ Zitrone
wenig Süßstoff
100 g grobes Hafervoll-kornschrot
je 80 g Brombeeren, Himbeeren und rote Johannisbeeren
2 TL Sesam (10 g)

1. Den Joghurt und die Milch mit dem Sanddorn- und dem Zitronensaft und wenig Süßstoff verrühren.
2. Das Hafervollkorn-schrot in einer beschichte-ten Pfanne leicht bräunen, mit der Joghurtmischung verrühren und etwa 10 Minuten quellen lassen.
3. Die Beeren waschen, abtropfen lassen und ver-lesen. Einige zur Dekora-tion zurückbehalten und den Rest unter die Hafer-Joghurt-Mischung heben.
4. Das Waldbeerenmüsli sofort anrichten und mit Früchten garnieren. Den Sesam in einer beschichte-ten Pfanne goldgelb rösten und über das Müsli streuen.

173 kcal • 722 kJ • 4 g F •
0,6 mg Chol • 28 g KH •
7 g E

Exotisches Müsli von Hafer und Hirse

Zubereitungszeit:
ca. 20 Min.
Zeit zum Quellen der
Hirse: ca. 12 Std.

Für 4 Personen

40 g Hirse
8 EL ungesüßter Frucht-saft (80 g)
60 g grobes Hafervoll-kornschrot
⅛ l fettarme Milch
1 Prise Zimt
2 EL Kokosflocken (20 g)
wenig Süßstoff
1 Carambola (80 g)
4 Scheiben frische Ananas (200 g)
1 Kiwi (50 g)
½ Mango ohne Kern (100 g)
1 Feige (50 g)
4 Minzblättchen

1. Die Hirse mit dem Fruchtsaft verrühren und abgedeckt über Nacht im Kühlschrank ausquellen lassen.
2. Das Hafervollkornschrot mit der fettarmen Milch, dem Zimt und den Kokosflocken mischen, etwa 10 Minuten quellen lassen und mit wenig Süßstoff abschmecken.
3. Die Carambola vierteln und in feine Scheiben schneiden.
4. Von den Ananasscheiben die Schale entfernen und den Strunk in der Mitte herausschneiden. Die Scheiben in kleine Stücke schneiden.
5. Die Kiwi schälen, vierteln und ebenfalls in Stücke schneiden. Die Schale der Mango mit einem scharfen Messer im Abstand von wenigen Zentimetern von oben nach unten einritzen und abziehen. Das Fruchtfleisch in dünne Spalten schneiden.
6. Die gequollene Hirse und die Früchte unter die Haferschrotmischung heben, das Müsli nochmals abschmecken und in ein Schälchen geben. Mit jeweils einem frischen Feigenviertel und einem Minzblättchen garnieren.

202 kcal • 846 kJ • 4 g F •
3 mg Chol • 38 g KH •
5 g E

ZWISCHENMAHLZEITEN

Verteilt man die Speisen auf etwa fünf kleine Mahlzeiten über den Tag, verschont man den Körper von „Großangriffen" auf sein Verdauungssystem und den Stoffwechsel. Dies ist besonders für Diabetiker wichtig und entlastet ihren bereits angegriffenen Zuckerstoffwechsel.

Kleine Zwischenmahlzeiten verhindern Hungergefühle oder Heißhunger und erleichtern es, überflüssige Pfunde ohne quälenden Hunger loszuwerden. Diese leichten Mahlzeiten zwischendurch dürfen natürlich keine Kalorienbomben sein, wie es uns die Werbung mit Müsliriegeln und anderen Süßigkeiten weismachen will. Sie können entweder einfach aus Gemüse oder Obst oder einem Joghurt bestehen; es ist jedoch reizvoller und mit nur wenig Arbeit verbunden, sie als kleine Gerichte zuzubereiten. Rezepte dazu finden Sie in diesem Kapitel.

Canapés mit Rohkost

Zubereitungszeit:
ca. 30 Min.

für 4 Personen

250 g Frischkäse leicht
100 g Magerquark
frisch gemahlener Pfeffer
wenig Meersalz
⅛ Knoblauchzehe
1 kleine Tomate (60 g)
4 Radieschen (50 g)
1 Stück Rettich (50 g)
1 Stück Salatgurke (50 g)
1 EL Schnittlauch, in feinen Röllchen
½ TL kalt gepreßtes Sonnenblumenöl (2 g)
wenig Obstessig
16 kleine runde Scheiben Pumpernickel (160 g)
1 Kästchen Kresse

1. Den Frischkäse mit dem Quark glattrühren und mit Pfeffer, wenig Meersalz und der zerdrückten Knoblauchzehe abschmecken.
2. Die Tomate waschen, vierteln und den grünen Stengelansatz entfernen. Die Radieschen waschen und in dünne Scheiben schneiden.
3. Den Rettich und die Gurke schälen, längs vierteln und in feine Scheiben schneiden.
4. Das Gemüse mit dem Schnittlauch, dem Öl und dem Obstessig marinieren und kurz ziehen lassen. Die Quarkcreme in einen Spritzbeutel füllen und jeweils eine kleine Rosette auf die Pumpernickelscheiben spritzen.

5. Die Canapés mit je einer Tomatenecke, Radieschen-, Gurken- und Rettichscheibe garnieren.
6. Vor dem Anrichten die Kresse abschneiden, gut waschen, abtropfen lassen und auf einem großen Teller verteilen. Die Canapés dazwischensetzen.

284 kcal • 1187 kJ • 11 g F • 31 mg Chol • 23 g KH • 21 g E

Tip
Die Canapés eignen sich gut als Dekoration für Käseplatten oder solche mit magerem Bratenaufschnitt.

Buntes Roggensandwich

Zubereitungszeit:
ca. 20 Min.

Für 4 Personen

1 Karotte (50 g)
½ Stange Lauch (50 g)
80 g Magerquark
1 EL geriebener Meerrettich (10 g)
frisch gemahlener weißer Pfeffer
wenig Meersalz
¼ Kopf Lollo-Rosso-Salat
120 g gekochte Hühnerbrust (ohne Haut)
4 Scheiben Roggentoast (80 g)
1 Tomate (100 g)
2 EL Rettichkeimlinge

1. Die Karotte und den Lauch putzen, waschen und in kleine Würfel schneiden. In wenig Wasser bißfest dünsten und abkühlen lassen.
2. Den Quark mit dem Meerrettich, Pfeffer und wenig Meersalz abschmekken und die Gemüsewürfel dazugeben.
3. Den Salat putzen, waschen, trockenschleudern und in mundgerechte Stücke zerpflücken. Das Hühnerfleisch schräg und quer zur Faser in dünne Scheiben schneiden.
4. Den Roggentoast mit dem Gemüsequark bestreichen, den Salat drauflegen, wiederum etwas Gemüsequark und zuletzt die Scheiben der Hühnerbrust draufgeben.
5. Die Tomate waschen und den grünen Stengelansatz herausschneiden. Die Tomate in kochendes Wasser tauchen, kalt abschrecken und häuten. Vierteln, die Kerne entfernen und das Fruchtfleisch in Streifen schneiden. Das Sandwich mit Streifen von Tomate und Rettichkeimlingen garnieren.

103 kcal • 431 kJ • 1 g F • 18 mg Chol • 12 g KH • 12 g E

Roggen-Kräuter-Brot mit Gemüse

Zubereitungszeit:
ca. 20 Min.

Für 4 Personen

50 g Frischkäse leicht
30 g Magerquark
wenig Meersalz
frisch gemahlener Pfeffer
1 Tomate (120 g)
1 Stück Salatgurke (40 g)
1 Stück Rettich (40 g)
frisches Basilikum
¼ TL Obstessig
2 Dillzweige
¼ TL Senf
¼ Bund Schnittlauch
¼ TL kalt gepreßtes Sonnenblumenöl
4 Scheiben Roggen-Kräuter-Brot (120 g) (siehe Rezept Seite 19)

1. Den Frischkäse und den Quark mit wenig Meersalz und Pfeffer verrühren.
2. Die Tomaten in Scheiben, die Gurken und den Rettich schälen und auch in Scheiben schneiden.
3. Die Tomatenscheiben mit geschnittenem Basilikum und Obstessig, die Gurkenscheiben mit geschnittenem Dill und Senf, die Rettichscheiben mit fein geschnittenem Schnittlauch und Sonnenblumenöl anmachen.
4. Die Brotscheiben mit dem Quark bestreichen, die Gemüse darauflegen.

103 kcal • 431 kJ • 2 g F • 0,2 mg Chol • 16 g KH • 5 g E

Gartengemüse mit pikanten Dips

Zubereitungszeit:
ca. 25 Min.

Für 4 Personen

2 Zucchini (200 g)
½ Salatgurke (150 g)
1 rote Paprikaschote
(200 g)
1 Bund Karotten mit
Grün (150 g)
2 Kohlrabi (200 g)
1 Birne (150 g)
etwas Zitronensaft

1. Die Zucchini und die
Gurke gut waschen, die
Gurke schälen, beides
längs halbieren und mit
einem Teelöffel die Kerne
herauskratzen. Die Hälften
der Länge nach und in
etwa 5 Zentimeter lange
Stücke schneiden.
2. Die Paprikaschote
waschen, halbieren, den
Strunk und das Kernge-
häuse entfernen und das
Fruchtfleisch in etwa 5
Zentimeter lange und
etwa 3 Zentimeter breite
Quadrate schneiden.
3. Die Karotten gut
waschen, das Karotten-
grün bis auf 4 Zentimeter
abschneiden und die
Karotten unter fließendem
Wasser schaben.
4. Die Kohlrabi waschen,
schälen und achteln.
5. Die Birne waschen,
vierteln, das Kerngehäuse
entfernen und mit etwas
Zitronensaft beträufeln,
damit sie sich nicht bräun-
lich verfärben.
6. Die Gartenfrüchte dann
auf einer Platte anrichten.
Dazu serviert man die im
folgenden beschriebenen
Dips.

66 kcal • 278 kJ • 1 g F •
0 mg Chol • 12 g KH •
3 g E

Erdnuß-Curry-Dip

Zubereitungszeit:
ca. 15 Min.

Für 4 Personen

150 g Magerjoghurt
1 EL Magerquark (30 g)
1 Scheibe frische Ananas
(50 g)
3 EL gemahlene unge-
salzene Erdnüsse (15 g)
wenig Meersalz
1 Prise gemahlener
Ingwer
1 Prise Currypulver
1 TL kalt gepreßtes
Walnußöl (5 g)

1. Den Joghurt mit dem
Quark glattrühren. Von
der Ananasscheibe die
Schale und den Strunk
entfernen, die Ananas in
Würfel schneiden und
unter die Creme mischen.
2. Die gemahlenen Erdnüsse, wenig Meersalz
und Ingwer hinzufügen.
3. Das Currypulver mit
dem Walnußöl verrühren,
unter die Creme ziehen
und den Dip zu dem vor-
bereiteten Gartengemüse
reichen.

57 kcal • 239 kJ • 3 g F •
0 mg Chol • 4 g KH • 4 g E

Tip
Rührt man Currypulver
mit etwas Öl an, treten die
Aromastoffe deutlicher
hervor.

Dill-Lachs-Dip

Zubereitungszeit:
ca. 15 Min.

Für 4 Personen

100 g Magerjoghurt
2 EL Crème fraîche (50 g)
2 EL Magerquark (60 g)
wenig Meersalz
frisch gemahlener
weißer Pfeffer
geriebene Muskatnuß
1 Bund Dill
2 Scheiben Gravad-Lachs
(60 g)

1. Den Joghurt mit der Crème fraîche und dem Quark glattrühren und mit wenig Meersalz, Pfeffer und Muskatnuß abschmecken.
2. Den Dill waschen, die Blättchen abzupfen, fein schneiden und unter die Quarkcreme heben.
3. Die Dillcreme zur Hälfte in eine Schale geben, den in Streifen geschnittenen Lachs darauflegen und nun den Rest der Dillcreme daraufgeben. Mit einigen Lachsstreifen und Dillzweigen garnieren und zu dem vorbereiteten Gemüse reichen.

92 kcal • 383 kJ • 6 g F • 22 mg Chol • 2 g KH • 6 g E

Tip
Servieren Sie dazu in Folien gegarte Pellkartoffeln, dann erhalten Sie ein leichtes Gericht für heiße Sommertage.

Tomaten-Estragon-Dip

Zubereitungszeit:
ca. 15 Min.

Für 4 Personen

100 g Magerjoghurt
2 EL Crème fraîche (50 g)
2 EL Magerquark (60 g)
wenig Meersalz
frisch gemahlener
weißer Pfeffer
1 TL geriebener
Meerrettich (5 g)
1 EL Tomatenketchup
(15 g)
1 Tomate (150 g)
einige Zweige frischer
Estragon

1. Den Joghurt mit der Crème fraîche und dem Quark glattrühren und mit wenig Meersalz, Pfeffer, Meerrettich und Ketchup abschmecken.
2. Die Tomate waschen, den grünen Stengelansatz entfernen, vierteln und das Kerngehäuse herausnehmen. Das Fruchtfleisch in kleine Würfel schneiden.
3. Den Estragon waschen, die Blättchen abzupfen und fein schneiden. Zusammen mit den Tomatenwürfeln unter den Quark heben und zum vorbereiteten Gemüse reichen.

69 kcal • 288 kJ • 4 g F • 13 mg Chol • 4 g KH • 4 g E

Vitaminflip

Zubereitungszeit:
ca. 25 Min.

Für 4 Personen

$^3/_8$ l Buttermilch
$^1/_4$ l Tomatensaft
wenig Meersalz
frisch gemahlener
schwarzer Pfeffer
geriebene Muskatnuß
4 EL gehackte Kräuter
(Dill, Schnittlauch,
Basilikum, Petersilie)
1 rote Paprikaschote
(125 g)
1 EL Leinsamen (10 g)
4 Basilikumblätter

1. Die Buttermilch mit
dem Tomatensaft verrüh-
ren und mit wenig Meer-
salz, Pfeffer und Muskat-
nuß abschmecken.
2. Die Paprikaschote putzen, die Kerne entfernen
und das Fruchtfleisch in
Würfelchen schneiden.
3. Die Kräuter und die
Paprikawürfel mit der But-
termilchmischung verrüh-
ren, in vier Gläser füllen,
mit Leinsamen bestreuen
und mit jeweils einem
Basilikumblatt garnieren.

69 kcal • 284 kJ • 2 g F •
4 mg Chol • 8 g KH • 5 g E

Buttermilch-Sanddorn-Flip

Zubereitungszeit:
ca. 15 Min.

Für 4 Personen

$^1/_2$ l Buttermilch
$^1/_8$ l frisch gepreßter
Orangensaft
4 EL ungesüßter
Sanddornsaft (40 g)
wenig Süßstoff
1 Msp. Zimt
1 TL gehackte, unge-
salzene Pistazien (5 g)

1. Die Buttermilch mit
dem Orangen- und dem
Sanddornsaft verrühren.
2. Mit wenig Süßstoff und
Zimt abschmecken. Den
Flip in ein gekühltes Glas
füllen und mit gehackten
Pistazien garnieren.

68 kcal • 282 kJ • 1 g F •
5 mg Chol • 9 g KH • 5 g E

Früchtejoghurt mit Borretschblüte

Zubereitungszeit:
ca. 20 Min.

Für 4 Personen

1 Pfirsich (150 g)
150 g Johannisbeeren
400 g Magerjoghurt
2 EL Kokosraspel (30 g)
1 Msp. Zimt
wenig Süßstoff
4 Borretschblüten

1. Die Pfirsichschale an
der oberen Seite kreuz-
weise einritzen. Den
Pfirsich mit kochendem
Wasser überbrühen, in Eiswasser kurz abschrecken
und die Haut abziehen.
2. Die Frucht halbieren
und den Stein herauslö-
sen, das Fruchtfleisch in
kleine Würfel schneiden.
3. Die Johannisbeeren mit
einer Gabel von den
Rispen streifen, kurz
waschen und abtropfen
lassen.
4. Den Joghurt glattrühren, mit den Kokos-
flocken, Zimt und wenig
Süßstoff abschmecken.
5. Die Pfirsichwürfel und
die Johannisbeeren unter-
heben. Den Früchte-
joghurt in vier Schälchen
oder Gläsern anrichten
und jeweils mit einer Borretschblüte garnieren.

111 kcal • 464 kJ • 5 g F •
0 mg Chol • 11 g KH •
5 g E

VORSPEISEN

Natürlich hat man nicht immer Zeit und Lust, ein Menü zuzubereiten, aber wenn Sie es einrichten können oder Gäste kommen, nehmen Sie sich sicher die Zeit für die Zubereitung und für das anschließende Essen. Dann ist eine kleine Vorspeise genau das Richtige, um den ersten Hunger zu stillen, und man kann sich in Ruhe den folgenden Genüssen und entspannenden Gesprächen widmen.
Sie finden in diesem Kapitel leichte Sülzen, Appetithappen und Salate. Diese sind durch raffinierte Zutaten ideal als Vorspeise zu servieren. Weitere Salatideen als Beilage oder für zwischendurch haben wir im Kapitel „Salate" für Sie zusammengestellt.

Gemüse-Tofu-Sülze mit Paprikasaucen

Zubereitungszeit:
ca. 100 Min.
Vorheizen des Backofens
auf 200° C

Für 6 Personen

1 Karotte (100 g)
¼ Sellerieknolle (80 g)
½ Stange Lauch (50 g)
1 l Gemüsebrühe
(siehe Rezept Seite 55)
80 g Spinatblätter
100 g Tofu
25 g Aspikpulver
je ½ rote, grüne und gelbe
Paprikaschote (à 60 g)
wenig Meersalz
3 EL Crème fraîche (30 g)
¼ Kopf Lollo-Rosso
1 TL gerösteter Sesam
(5 g)

1. Die Karotte und den Sellerie schälen und in ½ Zentimeter dicke Streifen schneiden. Den Lauch putzen, waschen und in Streifen schneiden.
2. Das Gemüse in 100 Milliliter Gemüsebrühe einige Minuten bißfest kochen und abtropfen lassen.
3. Den Spinat von den Stielen befreien, waschen, vorsichtig blanchieren und in Eiswasser kurz abschrecken.
4. Den Tofu in etwa 1 x 1 Zentimeter dicke Streifen schneiden, in sechs Portionen teilen und diese jeweils in Spinatblätter einrollen.
5. Aus der restlichen Gemüsebrühe und dem Aspikpulver nach Pakkungsanweisung eine Gelierflüssigkeit zubereiten und diese abkühlen lassen.
6. Den Boden einer Kastenform mit einer dünnen Geleeschicht ausgießen und diese gut fest werden lassen. Die Kastenform auf die Seite legen und die Seitenwand ebenfalls mit einer dünnen Geleeschicht überziehen und diese stocken lassen. Diesen Vorgang mit der anderen Seitenwand wiederholen.
7. Den Formboden nun mit der Hälfte der Gemüsestreifen dekorativ auslegen und diese mit einer Geleeschicht bedecken.
8. Den Gelee fest werden lassen und nun die Tofuröllchen darauflegen. Abermals mit Gelierflüssigkeit überziehen und fest werden lassen.
9. Die restlichen Gemüsestreifen daraufgeben und die übrige Gelierflüssigkeit angießen. Die Sülze abdecken, in den Kühlschrank stellen und etwa 1 Stunde ziehen lassen.
10. Die Paprikaschoten putzen und zum Ablösen der Haut auf einem Blech bei 200 Grad Celsius in den Ofen geben. Sobald die Haut Blasen wirft, diese abziehen.
11. Nun die drei Paprikasorten getrennt pürieren, mit wenig Meersalz würzen und mit jeweils 1 Eßlöffel Crème fraîche verrühren.
12. Die Sülze aus der Form stürzen, diese dazu eventuell kurz in heißes Wasser tauchen. Die Sülze in fingerdicke Scheiben schneiden und auf den Paprikasaucen anrichten.
13. Den Lollo-Rosso waschen, putzen und abtropfen lassen. Einige Blättchen an die Sülze legen und alles mit Sesam bestreuen.

96 kcal • 402 kJ • 5 g F •
7 mg Chol • 4 g KH • 7 g E

Sülze von Waldpilzen mit Zucchiniquark

Zubereitungszeit:
ca. 60 Min.

Für 4 Personen

60 g Pfifferlinge
je 40 g Steinpilze,
Austernpilze und
Champignons
60 g Herbsttrompeten
oder Shiitake-Pilze
400 ml Gemüsebrühe
(siehe Rezept Seite 55)
wenig Meersalz
frisch gemahlener
weißer Pfeffer
½ Karotte (50 g)
½ Stange Lauch (50 g)
2 EL Wildkräuter (Löwenzahn, Brennessel,
Brunnenkresse)
5 Blatt weiße Gelatine
(10 g)
120 g Magerquark
frisch gemahlener
schwarzer Pfeffer
¼ Zucchino (50 g)
¼ Kopf Friséesalat (40 g)
1 Msp. Paprikapulver

1. Die Pilze putzen, kurz waschen und mit einem Küchenpapier trockentupfen. In Scheiben beziehungsweise in Stücke schneiden und in einem Topf mit etwa 50 Milliliter Gemüsebrühe andünsten. Mit wenig Meersalz und Pfeffer würzen und auskühlen lassen.
2. Die Karotte und den Lauch putzen, waschen, in kleine Würfel schneiden und in weiteren 50 Milliliter Gemüsebrühe bißfest dünsten und auskühlen lassen.
3. Die Blättchen der Wildkräuter abzupfen, waschen und fein schneiden. Mit den Pilzen und dem Gemüse mischen.

4. Die Gelatine in kaltem Wasser einweichen. Die Hälfte der verbliebenen Gemüsebrühe (150 ml) erwärmen, die Gelatine ausdrücken und in der warmen Gemüsebrühe auflösen. Den Topf vom Herd nehmen, die restliche kalte Gemüsebrühe dazugeben und alles gut verrühren.
5. Eine Kastenform (1 l Inhalt) mit der Pilz-Gemüse-Kräuter-Mischung füllen, die Gelierflüssigkeit darübergießen, abdecken und kalt stellen.
6. Den Quark mit dem Rührgerät cremig schlagen und mit wenig Meersalz und schwarzem Pfeffer abschmecken.
7. Den Zucchino waschen, in feine Streifchen schneiden und diese unter den Quark heben. Den Salat putzen, waschen und trockenschleudern. Die Waldpilzsülze auf eine Platte stürzen, dazu die Form eventuell kurz in heißes Wasser tauchen. Die Sülze in etwa fingerdicke Scheiben schneiden.
8. Den Salat auf vier Tellern anrichten und jeweils eine Scheibe der Sülze dazulegen. Mit einem Löffel vom Zucchiniquark Nocken abstechen, diese anlegen und mit etwas Paprikapulver bestreuen.

59 kcal • 249 kJ • 1 g F •
0,3 mg Chol • 4 g KH •
9 g E

Tip
Man kann statt einer geraden Kastenform auch eine Rehrückenform nehmen. Man erhält dann abgerundete Sülzenscheiben, die wie ein Pilzhut aussehen.

Artischocken mit Dorschfilet

Zubereitungszeit:
ca. 60 Min.

Für 4 Personen

4 frische Artischocken
wenig Meersalz
Saft von 1 Zitrone
300 g Dorschfilet
frisch gemahlener
weißer Pfeffer
1 TL Diätmargarine (5 g)
1 Zweig Estragon
1 Lorbeerblatt
1 Nelke
1 Karotte (80 g)
ca. 50 ml Gemüsebrühe
(siehe Rezept Seite 55)
1 Zwiebel (40 g)
2 EL kalt gepreßtes
Walnußöl (20 g)
2 EL Obstessig (20 g)
frisch gemahlener
schwarzer Pfeffer
1 TL Senf (5 g)
1 EL Schnittlauch
⅛ Kopf Eichblattsalat
40 g Feldsalat

1. Von den Artischocken
die Stiele abbrechen und
die äußeren harten Blätter
entfernen. Die Blattspitzen
mit der Schere kürzen
und die Artischocken gut
waschen.
2. Die Artischocken in
reichlich leicht gesalze-
nem Wasser mit dem
Zitronensaft etwa 25
Minuten kochen, im Koch-
wasser erkalten lassen.
3. Das Dorschfilet in vier
gleichgroße Stücke
schneiden, waschen, mit
wenig Meersalz und wei-
ßem Pfeffer würzen.
Einen Topf mit Margarine
ausfetten, die Fischfilets
hineingeben, den Estra-
gonzweig, das Lorbeer-
blatt und die Nelke hin-
zufügen und wenig Was-
ser angießen.

4. Einmal aufkochen lassen, den Topf vom Herd
nehmen und den Fisch
etwa 10 Minuten ziehen
lassen.
5. Die Karotte schälen
und in kleine Würfel
schneiden. In der Gemü-
sebrühe bißfest garen,
anschließend auskühlen
lassen.
6. Die Zwiebel schälen
und in gleichmäßige Wür-
fel schneiden. Das Wal-
nußöl mit dem Essig,
wenig Meersalz, schwar-
zem Pfeffer und Senf ver-
rühren, etwa 2 Eßlöffel
Fischsud dazugeben und
die Karotten- und Zwie-
belwürfel sowie den in
Röllchen geschnittenen
Schnittlauch hineingeben.
7. Die Salatsorten putzen,
waschen und trocken-
schleudern. Die Arti-
schocken aus dem Sud
nehmen und abtropfen
lassen. Die Blätter abzupfen, so daß nur noch der
Boden mit dem Heu
(Staubgefäße) übrig
bleibt. Das Heu heraus-
nehmen und den Boden
etwas zurechtschneiden.
8. Den Salat auf vier Teller
legen, jeweils mit etwas
Karottenvinaigrette
beträufeln, den Artischok-
kenboden und das
Dorschfilet daraufsetzen
und mit der restlichen
Vinaigrette überziehen.

147 kcal • 613 kJ • 6 g F •
38 mg Chol • 7 g KH •
15 g E

Seefischcocktail ungarische Art

Zubereitungszeit:
ca. 50 Min.

Für 4 Personen

600 g Seefischfilet
(Seelachs, Kabeljau)
½ Zwiebel (20 g)
1 EL Diätmargarine (10 g)
2 EL trockener Weiß-
wein (30 g)
½ Lorbeerblatt
1 Nelke
1 Estragonzweig
½ rote Paprika (100g)
¼ gelbe Paprika (50 g)
½ Zucchino (100 g)
1 EL Obstessig
2 EL kalt gepreßtes
Olivenöl (20 g)
wenig Meersalz
frisch gemahlener
schwarzer Pfeffer
Paprikapulver edelsüß
3 EL Tomatenketchup
(30 g)
1 EL frische gehackte
Kräuter (Estragon, Dill)
4 Blätter Lollo-Rosso

1. Die Fischfilets waschen
und in fingerdicke Strei-
fen schneiden. Die Zwie-
bel schälen und fein
würfeln.
2. Einen Topf mit Margarine ausfetten, die Zwie-
belwürfel hineingeben,
die Fischstreifen darauf
verteilen und den Weiß-
wein und wenig Wasser
angießen. Das halbe Lor-
beerblatt, die Nelke und
den Estragonzweig hin-
zufügen.
3. Die Flüssigkeit einmal
aufkochen lassen, den
Topf vom Herd nehmen
und den Fisch garziehen,
dann im Fischsud ausküh-
len lassen.

4. Die Paprikaschoten
waschen, von Kerngehäu-
sen befreien und das
Fruchtfleisch in Streifen
schneiden. Den Zucchino
waschen, der Länge nach
halbieren und mit einem
Teelöffel die Kerne her-
auskratzen. Das Frucht-
fleisch in dünne Scheiben
schneiden, die nun wie
Halbmonde aussehen.
5. Den Essig, das Öl,
wenig Meersalz, Pfeffer
und Paprikapulver ver-
rühren und den Tomaten-
ketchup sowie die Kräuter
dazugeben. Diese Mari-
nade über die Paprikastreifen und die Zucchino-
halbmonde geben und
etwa 15 Minuten ziehen
lassen.
6. Die kalten Fischstreifen
vorsichtig unter die Papri-
ka-Zucchino-Mischung
heben, mit etwas Fisch-
fond abschmecken.
7. Den Salat putzen,
waschen und trocken-
schleudern. Vier Kelch-
gläser damit auslegen und
jeweils 1 Portion des
Fischsalats in den Gläsern
anrichten.

216 kcal • 904 kJ • 9 g F •
50 mg Chol • 5 g KH •
29 g F

Tip
Auf den Cocktail kann
man als Garnitur 1 Löffel
Dill-Lachs-Dip (siehe
Rezept Seite 31) geben.

Pikanter Hirsecocktail mit Basilikum

Zubereitungszeit:
ca. 50 Min.

Für 4 Personen

20 g Hirse
50 ml Gemüsebrühe
(siehe Rezept Seite 55)
4 Tomaten (400 g)
1 Staude Chicorée (125 g)
4 Scheiben magerer Rindersaftschinken (100 g)
40 g Erbsenschoten
wenig Gemüsebrühe
1 Knoblauchzehe
wenig Meersalz
frisch gemahlener
weißer Pfeffer
2 EL Obstessig (20 g)
2 EL kalt gepreßtes
Olivenöl (20 g)
2 EL Tomatenketchup
(30 g)
1 EL gehacktes Basilikum
1 Zweig Basilikum

1. Die Hirse gut waschen, mit der Gemüsebrühe in einen Topf geben und etwa 10 Minuten köcheln lassen. Dann am Herdrand weitere 20 Minuten ausquellen und anschließend abkühlen lassen.
2. Inzwischen die Tomaten waschen, die grünen Stengelansätze entfernen und die Tomaten vierteln. Die Kerne entfernen und das Fruchtfleisch der Länge nach in Streifen schneiden.
3. Den Chicorée waschen, halbieren, den Strunk keilförmig herausschneiden. Die Blätter in Streifen schneiden.
4. Die Schinkenscheiben ebenfalls in gleichgroße Streifen schneiden. Die Erbsenschoten putzen, waschen und in wenig Gemüsebrühe bißfest garen.

5. Die Knoblauchzehe schälen, zerdrücken und mit wenig Meersalz, Pfeffer, Obstessig, Olivenöl, Tomatenketchup und dem gehackten Basilikum zu einer Sauce verrühren.
6. Alle vorbereiteten Zutaten, auch die Hirse, mit der Sauce mischen, eventuell nochmals abschmekken. Den Salat in ein Kelchglas geben und mit frischen Basilikumblättchen garnieren.

139 kcal • 585 kJ • 6 g F • 0,1 mg Chol • 10 g KH • 10 g E

Austernpilze und Hirse in Wildkräutern

Zubereitungszeit:
ca. 40 Min.
Zeit zum Durchziehen:
ca. 10 Min.

Für 4 Personen

40 g Hirse
150 ml Gemüsebrühe (siehe Rezept Seite 55)
1 Zweig Estragon
400 g kleine Austernpilze
1 EL kalt gepreßtes Sonnenblumenöl (5 g)
¼ Salatgurke (80 g)
1 Tomate (80 g)
wenig Meersalz
frisch gemahlener schwarzer Pfeffer
2 EL Obstessig (10 g)
50 g Wildkräuter (Sauerampfer, Brennessel, Brunnenkresse, Löwenzahn)
¼ Kopf Radicchio

1. Die Hirse waschen und mit 100 Millilitern Gemüsebrühe in einen Topf geben. Den Estragonzweig dazulegen und alles etwa 10 Minuten köcheln lassen. Dann den Topf vom Herd ziehen, die Hirse weitere 20 Minuten quellen, und anschließend auskühlen lassen.
2. Inzwischen die Austernpilze putzen, waschen und halbieren. Die Hälfte des Sonnenblumenöls in einem Topf erhitzen, die Pilze darin anbraten, die restliche Gemüsebrühe angießen und die Pilze kurz dünsten. Danach auskühlen lassen.
3. Die Salatgurke schälen, längs halbieren und die Kerne mit einem Teelöffel herauskratzen. Die Tomate waschen, den grünen Stengelansatz heraus-schneiden, die Frucht halbieren und das Kerngehäuse entfernen.
4. Nun die Gurke und die Tomate in Würfel schneiden und mit wenig Meersalz, Pfeffer, dem restlichen Öl und Obstessig würzen und mit etwas Austernpilzfond auffüllen.
5. Die Hirse und die Austernpilze dazugeben und etwa 10 Minuten ziehen lassen.
6. Die Wildkräuter waschen, fein schneiden und unter die Pilz-Hirse-Mischung heben. Den Salat putzen, waschen und trockenschleudern. Den Austernpilzsalat auf den Blättern anrichten.

83 kcal • 349 kJ • 3 g F • 0,2 mg Chol • 9 g KH • 5 g E

Spaghetti-Hirse-Salat

Zubereitungszeit:
ca. 55 Min.

Für 4 Personen

20 g Hirse
50 ml Gemüsebrühe
(siehe Rezept Seite 55)
80 g Vollkornspaghetti
wenig Meersalz
½ rote Paprikaschote
(80 g)
¼ grüne Paprikaschote
(40 g)
1 Zwiebel (40 g)
1 Knoblauchzehe
2 EL kalt gepreßtes
Olivenöl (20 g)
geriebene Muskatnuß
6 EL Tomatenketchup
(90 g)
frisch gemahlener
schwarzer Pfeffer
4 Scheiben magerer Rin-
dersaftschinken (100 g)
1 Tomate (100 g)
1 EL Kräuteressig (10 g)
1 Bund Basilikum
½ Bund Petersilie
1 Kästchen Kresse
½ Kopfsalat

1. Die Hirse gut waschen,
mit der Gemüsebrühe in
einen Topf geben und
etwa 10 Minuten köcheln
lassen. Dann am Herdrand
weitere 20 Minuten aus-
quellen und anschließend
abkühlen lassen.
2. Die Vollkornspaghetti
in etwa 5 Zentimeter
große Stücke brechen, in
reichlich leicht gesalze-
nem Wasser bißfest
kochen, abgießen und
kalt nachspülen.
3. Die Paprikaschoten
waschen, die Kernge-
häuse entfernen und das
Fruchtfleisch in Streifen
schneiden. Die Zwiebel
und den Knoblauch schä-
len. Die Zwiebel würfeln
und den Knoblauch mit
einer Presse oder einem
Messer zerdrücken.

4. Das Olivenöl in einem
Topf und die Zwiebel und
die Paprika etwa 5 Minu-
ten anbraten. Die Hirse,
die Spaghetti, den Knob-
lauch, Muskatnuß und
Tomatenketchup dazuge-
ben und etwas Pfeffer
darübermahlen. Alles
erhitzen und anschlie-
ßend leicht auskühlen
lassen.
5. Inzwischen den Schinken in Streifen schneiden,
die Tomate vierteln, die
grünen Stengelansätze
sowie die Kerne entfernen
und das Fruchtfleisch
ebenfalls in Streifen
schneiden.
6. Die Schinken- und
Tomatenstreifen zu dem
noch lauwarmen Spaghet-
tisalat geben und mit
Kräuteressig, fein
geschnittenem Basilikum
und Petersilie mischen.
7. Den Spaghettisalat kurz
ziehen lassen. Den Kopf-
salat putzen, waschen und
trockenschleudern. Den
Spaghettisalat auf den
Blättern anrichten und mit
Kresse garnieren.

212 kcal • 886 kJ • 7 g F •
0,1 mg Chol • 25 g KH •
12 g E

Tip
Die Kräuter und Gewürze
entfalten ihr Aroma am
besten, wenn Sie den
Spaghettisalat lauwarm
servieren.

Kalbfleischsalat mit Champignons

Zubereitungszeit:
ca. 1 ½ Std.

Für 4 Personen

500 g Kalbfleisch (Mittel-
stück aus der Schulter)
je 40 g Karotte, Sellerie
und Lauch
1 Zweig Petersilie
1 Lorbeerblatt
1 Nelke
1 Zweig Thymian
2 Wacholderbeeren
wenig Meersalz
1 Becher Magerjoghurt
(150 g)
3 EL saure Sahne (40 g)
Saft von ¼ Zitrone
frisch gemahlener
weißer Pfeffer
geriebene Muskatnuß
¼ Sellerieknolle (100 g)
1 Karotte (100 g)
150 g Steinpilz-
champignons
1 EL gehackter Sauer-
ampfer
1 EL in Röllchen geschnittener Schnittlauch
¼ Kopfsalat

1. Das Kalbfleisch in
2 Liter kochendes Wasser
geben (es muß kochen,
damit sich die Poren des
Fleisches sofort schlie-
ßen), einmal aufkochen
lassen, danach die Flüssigkeit abschäumen.
2. Das Gemüse waschen,
putzen und mit den
Gewürzen und wenig
Meersalz zu dem Kalb-
fleisch geben. Alles etwa
1 Stunde leicht köcheln
lassen, bis das Kalbfleisch
gar ist.
3. Das Fleisch herausnehmen und abkühlen lassen.
Die Brühe wird zum Teil
in diesem Rezept einge-
setzt, den Rest können Sie
für Suppen und Saucen
weiterverwenden.

4. Den Joghurt mit der
sauren Sahne verrühren
und mit dem Zitronensaft,
wenig Meersalz, Pfeffer
und Muskatnuß
abschmecken.
5. Die Sellerieknolle und
die Karotte schälen und
mit einem scharfen Mes-
ser, besser mit einer Brotmaschine, in dünne Schei-
ben schneiden. Diese wie-
derum in Rauten schnei-
den, in wenig Kalbsbrühe
bißfest dünsten und
abkühlen lassen.
6. Die Steinpilzchampignons putzen, mit einem
mit Zitronenwasser ange-
feuchteten Tuch abreiben
und in Scheiben schnei-
den. Sofort mit den
Gemüserauten unter die
Joghurtsauce heben.
7. Das Kalbfleisch in
dünne Scheiben und
diese dann in Rauten
schneiden.
8. Das Fleisch und die
Kräuter unter den Salat
mischen, eventuell noch-
mals abschmecken und
kurz ziehen lassen.
9. Den Salat putzen,
waschen und trocken-
schleudern. Den Kalb-
fleischsalat auf den Blättern anrichten und nach
Belieben mit Schnittlauch
bestreuen.

175 kcal • 732 kJ • 2 g F •
3 mg Chol • 7 g KH •
32 g E

Tip
Kochen Sie das Kalb-
fleisch am Vortag und
legen es über Nacht in
den Kühlschrank.
Dann läßt es sich besser
schneiden.

Keniaböhnchen mit Entenbrust

Zubereitungszeit:
ca. 30 Min.
Vorheizen des Backofens
auf 200° C
Zeit zum Durchziehen:
ca. 70 Min.
Bratzeit im Ofen:
ca. 20 Min.

Für 4 Personen

| 1 Entenbrust (ca. 180 g) |
| je ½ TL gehackter Rosmarin und Beifuß |
| wenig Meersalz |
| frisch gemahlener weißer Pfeffer |
| 2 EL kalt gepreßtes Walnußöl (20 g) |
| 100 g Keniaböhnchen |
| 1 Zweig Bohnenkraut |
| 100 g frische Sojakeimlinge |
| 2 EL Obstessig |
| 2 EL Sojasauce |
| ½ Bund Petersilie |
| 1 Tomate (80 g) |
| ¼ Kopf Radicchio |

1. Die Entenbrust mit Rosmarin, Beifuß, wenig Meersalz, Pfeffer und 1 Teelöffel Walnußöl einreiben und etwa 30 Minuten ziehen lassen.
2. Die Keniaböhnchen putzen, waschen und in kochendem Wasser kurz blanchieren. Anschließend mit dem Bohnenkraut etwa 5 Minuten in wenig Wasser bißfest kochen und auskühlen lassen. Die Sojakeimlinge putzen, waschen, kurz blanchieren und auskühlen lassen.
3. Das restliche Walnußöl (1 ½ EL), Essig, Sojasauce, wenig Meersalz, Pfeffer und etwas Bohnenkochwasser zu einer Salatsauce verrühren. Die Petersilie hacken und hinzufügen. Die Bohnen und die Sojakeime etwa 30 Minuten in der Sauce ziehen lassen.

4. Die Entenbrust auf ein Backblech legen und im Ofen etwa 20 Minuten bei 180 bis 200 Grad Celsius braten. Dabei mehrmals mit dem ausgetretenen Fleischsaft begießen. Danach etwa 8 Minuten ruhen lassen und die Haut entfernen.
5. Die Tomate vierteln, den grünen Stengelansatz und das Kerngehäuse entfernen und das Fruchtfleisch in Streifen schneiden. Den Radicchiosalat putzen, waschen und trockenschleudern.
6. Den Bohnensalat auf Radicchioblättern anrichten und die Tomatenstreifen darauflegen. Die Entenbrust in Scheiben schneiden und anlegen.

166 kcal • 692 kJ • 13 g F • 32 mg Chol • 2 g KH • 10 g E

Tip
Das Brustfleisch von Geflügel sollte man immer mit der Haut braten, da das Fleisch saftiger wird. Anschließend wird die Haut entfernt, da darunter ein großer Teil des cholesterinhaltigen Fettes verborgen ist.

Melonen-Schinken-Cocktail

Zubereitungszeit:
ca. 40 Min.

Für 4 Personen

| 1 Orange (150 g) |
| 1 Honigmelone (500 g) |
| 100 g Erdbeeren |
| 1 EL eingelegte grüne Pfefferkörner (10 g) |
| 1 kleines Stück frischer geriebener Ingwer |
| 12 Scheiben Lachsschinken (120 g) |
| 1 TL gehackte Minze |
| 4 Borretschblüten |

1. Die Schale der Orange oben und unten abschneiden, die Frucht aufrecht auf ein Brett stellen und die Schalte samt der weißen Haut großzügig von oben nach unten abschneiden.

2. Nun jeweils an den Zwischenhäuten einschneiden, so daß man die einzelnen Filets herausnehmen kann. Die verbleibenden Teile mit der Hand auspressen.

3. Die Honigmelone vierteln und die Kerne entfernen. Aus dem Fruchtfleisch mit einem Kugelausstecher Kugeln ausstechen und diese zu den Orangenfilets geben. Das übrige Fruchtfleisch aus den Schalen kratzen und frisch verzehren. Die Schalen aufbewahren.
4. Die Erdbeeren waschen, putzen, vierteln und zu den Melonenkugeln und Orangenfilets geben. Mit den abgetropften grünen Pfefferkörnern und dem Ingwer mischen.
5. Den Lachsschinken in Rauten schneiden, die Minze waschen, die Blättchen abzupfen und in Streifen schneiden. Beides vorsichtig unter die Früchte heben.
6. Die geviertelten Melonenschalen über Kreuz auf einer Glasplatte anrichten, mit dem Salat füllen und mit Borretschblüten garnieren.

138 kcal • 575 kJ • 1 g F • 0 mg Chol • 21 g KH • 10 g E

Tip
Servieren Sie diesen Cocktail in der warmen Sommerzeit auf einem Eissockel.

Champignonsalat mit Grünkern

Zubereitungszeit:
ca. 1 Std.

Für 4 Personen

40 g Grünkern
100 ml Gemüsebrühe
(siehe Rezept Seite 55)
Saft von ½ Zitrone
2 EL kalt gepreßtes
Sonnenblumenöl (20 g)
1 EL Himbeeressig (10 g)
wenig Meersalz
frisch gemahlener
weißer Pfeffer
1 Bund Radieschen
(100 g)
250 g Steinpilz-
champignons
¼ Kopf Eichblattsalat
½ Bund Schnittlauch

1. Den Grünkern mit der Gemüsebrühe in einen Topf geben. Etwa 10 Minuten köcheln lassen, den Topf vom Herd nehmen und den Grünkern etwa 30 Minuten quellen lassen.
2. Den Zitronensaft mit dem Öl, dem Himbeeressig, wenig Meersalz und Pfeffer gut verrühren.
3. Die Radieschen waschen, putzen, halbieren und in Scheiben schneiden. Die Steinpilzchampignons putzen, mit einem feuchten Tuch abreiben und in Scheiben schneiden.
4. Die Steinpilzchampignons sofort unter die Marinade heben, um ein Verfärben zu verhindern. Den Grünkern dazugeben und alles kurz ziehen lassen.
5. Den Eichblattsalat putzen, waschen und trokkenschleudern. Die Radieschenscheiben unter den Pilzsalat heben, eventuell nochmals abschmekken und auf dem Eichblattsalat anrichten. Den Schnittlauch in feine Röllchen schneiden und darüberstreuen.

94 kcal • 393 kJ • 6 g F • 0,3 mg Chol • 7 g KH • 4 g E

Tip
Wenn man die Champignons kurz in kochendem Wasser blanchiert, sind sie leichter verdaulich, verlieren jedoch an Aroma.

Geflügelsalat mit wildem Reis

Zubereitungszeit:
ca. 1 ½ Std.

Für 4 Personen

1 Poularde (ca. 1 – 1,2 kg)
je 40 g Karotte, Sellerie
und Lauch
1 Zweig Petersilie
1 Lorbeerblatt, 1 Nelke
2 Pfefferkörner
wenig Meersalz
1 Becher Magerjoghurt
(150 g)
3 EL Crème fraîche (45 g)
1 TL kalt gepreßtes
Traubenkernöl (5 g)
1 Prise Safranpulver
frisch gemahlener
weißer Pfeffer
1 kleines Stück frische
Ingwerwurzel
1 roter Apfel (100 g)
2 Stangen Bleichsellerie
(100 g)
20 g gekochter wilder
Reis (siehe Rezept
Seite 120)
1 TL geschnittene
Zitronenmelisse

1. Die Poularde gut waschen, in 2 Liter kochendes Wasser geben (es muß kochen, damit sich die Poren des Fleisches sofort schließen), einmal aufkochen lassen, danach die Flüssigkeit mit einem Sieblöffel abschäumen.
2. Das Gemüse waschen, putzen und mit den Gewürzen und wenig Meersalz zu der Poularde geben. Alles etwa 1 Stunde köcheln lassen, bis die Poularde gar ist.
3. Die Poularde herausnehmen, den Geflügelfond für andere Saucen- und Suppenrezepte weiterverwenden.

4. Den Joghurt mit der Crème fraîche verrühren. Das Traubenkernöl mit dem Safranpulver verrühren, zu der Joghurtcreme geben und mit wenig Meersalz, Pfeffer und geriebener Ingwerwurzel abschmecken.
5. Den Apfel waschen, vierteln, das Kerngehäuse entfernen und das Fruchtfleisch in dünne Scheiben schneiden. Den Bleichsellerie putzen, waschen und in feine Scheiben schneiden. Beides unter die Joghurt-Safran-Sauce heben.
6. Das Poulardenfleisch noch warm von den Knochen lösen, die Haut entfernen und das Fleisch in Blättchen schneiden. Den wilden Reis und das Poulardenfleisch vorsichtig unter den Salat heben und kurz durchziehen lassen.

Eventuell vor dem Servieren nochmals abschmecken und mit frischer Zitronenmelisse garnieren.

272 kcal • 1138 kJ • 12 g F • 112 mg Chol • 12 g KH • 28 g E

Tip
Kochen Sie die Poularde bereits am Vortag, lösen das Fleisch noch warm von den Knochen und lassen es abgedeckt über Nacht auskühlen. Dadurch wird das Poulardenfleisch schnittfester.

Gebeizter Lachs mit Sesam und Johannisbeer-Dill-Sauce

Zubereitungszeit:
ca. 1 Std.
Zeit zum Beizen:
ca. 48 Std.

Für 10 Personen

Lachs:

2 kg frischer Lachs (Mittelstück)
2 EL Sesam (20 g)
45 g Meersalz
25 g Zucker
frisch gemahlener weißer Pfeffer
2 EL Weinbrand (30 ml)
Alufolie

Sauce:

2 Becher Magerjoghurt (300 g)
2 EL Quark 20 % Fett i. Tr. (60 g)
1 EL süßer Senf (15 g) (kein Weißwurstsenf)
1 EL ungezuckertes Johannisbeergelee (20 g)
wenig Meersalz
1 Bund Dill

zum Garnieren:

1 Kopf Eichblattsalat

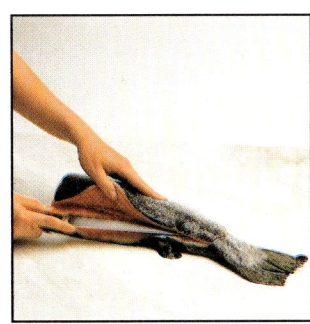

1. Den Lachs waschen und unter fließendem Wasser schuppen. Den Fisch mit einem Messer entlang der Mittelgräte einschneiden und längs halbieren. Bei der ande-ren Hälfte ebenfalls entlang der Mittelgräte schneiden, so daß diese leicht entfernt werden kann. Die Lachshälften sind nun ausgelöst.

2. Die restlichen großen Gräten abschneiden. Dann mit dem Finger gegen die Fleischfasern reiben. Man spürt so die kleinen Gräten, die mit einer Pinzette entfernt werden müssen.
3. Den Sesam in einer beschichteten Pfanne ohne Fettzugabe goldgelb rösten und abkühlen lassen. Meersalz, Zucker und etwas Pfeffer mischen.
4. Die beiden Lachsfilets mit den Unterseiten nach oben legen, mit dem Weinbrand einreiben und die Salz-Zucker-Pfeffer-Mischung gleichmäßig darauf verteilen. Etwa 5 Minuten einziehen lassen. Dann den abgekühlten Sesam darauf vertei-len, das eine Lachsfilet auf das andere legen, so daß der Lachs wieder seine ursprüngliche Form erhält.
5. Den Lachs nun in Alu-folie einpacken und gut andrücken. Etwa 48 Stun-den in den Kühlschrank legen und nach jeweils 12 Stunden wenden, damit die Flüssigkeit im Fisch immer gleichmäßig verteilt ist und die Aroma-stoffe in alle Teile einzie-hen können.

6. Vor dem Servieren den Joghurt mit dem Quark, dem Senf und dem Johan-nisbeergelee verrühren und mit wenig Meersalz abschmecken. Den Dill waschen, die Blättchen abzupfen, fein schneiden und unter die Sauce heben.
7. Den Lachs auspacken und jede Hälfte in schräge Scheiben schneiden. Den Salat putzen, waschen und trockenschleudern. Den Lachs auf den Blät-tern anrichten und die Johannisbeer-Dill-Sauce extra servieren.

471 kcal • 1967 kJ • 28 g F • 70 mg Chol • 7 g KH • 45 g E

Hinweis
Diese Vorspeise ist bei Bluthochdruck wegen des recht hohen Salzgehaltes nicht zu empfehlen.

Tip
Dazu paßt ein Dialog von Linsen (siehe Rezept unten) sehr gut. Sie kön-nen den Lachs nach Belie-ben anstatt mit Sesam mit frischem Dill beizen.

Dialog von Linsen

Zubereitungszeit:
ca. 35 Min.

Für 4 Personen

je 120 g rote und gelbe Linsen
100 g braune Linsen
1 Zwiebel (40 g)
1 Karotte (50 g)
½ Stange Lauch (50 g)
1 Stück Knollensellerie (40 g)
1 EL Sonnenblumenöl (10 g)
wenig Meersalz
frisch gemahlener weißer Pfeffer
2 Zweige Thymian
1 Bund Petersilie
2 EL Obstessig (20 g)
½ Kopf Friséesalat

1. Die roten, gelben und braunen Linsen gut waschen, mit Wasser knapp bedecken und etwa ¼ Stunde vorquellen lassen.
2. Inzwischen die Zwiebel schälen und in Würfel schneiden. Die Karotte, den Lauch und den Selle-rie putzen, waschen und ebenfalls würfeln.
3. Das Öl in einem Topf erhitzen, die Zwiebel darin goldgelb anbraten. Das Gemüse und die Lin-sen dazugeben, mit wenig Meersalz, Pfeffer und einem Thymianzweig würzen. Etwas Einweich-wasser von den Linsen angießen und das Gemüse bißfest garen. In einem flachen Gefäß auskühlen lassen.
4. Die Petersilie abzupfen, waschen und fein schnei-den. Den Thymianzweig aus dem Linsengemüse nehmen; das Ganze mit Obstessig abschmecken, eventuell nachwürzen.
5. Vor dem Servieren die gehackte Petersilie unter-heben. Den Friséesalat putzen, waschen und trok-kenschleudern. Den Lin-sensalat auf den Salatblät-tern anrichten und mit dem noch übrigen frischen Thymianzweig dekorativ garnieren.

305 kcal • 1274 kJ • 4 g F • 0,2 mg Chol • 46 g KH • 21 g E

Tip
Servieren Sie dazu gebeiz-ten Lachs (siehe Rezept oben).

Lauchscheiben mit Paprikacreme

Zubereitungszeit:
ca. 25 Min.

Für 4 Personen

2 Stangen Lauch (250 g)
1 TL kalt gepreßtes
Sonnenblumenöl (5 g)
wenig Meersalz
frisch gemahlener
weißer Pfeffer
geriebene Muskatnuß
50 ml Gemüsebrühe
(siehe Rezept Seite 55)
1/2 rote Paprikaschote
(70 g)
150 g Frischkäse leicht
2 EL Magerquark (60 g)
Paprikapulver edelsüß
1 EL Schnittlauch, in
Röllchen
1 EL Leinsamen (10 g)
20 g Radieschenkeimlinge

1. Den Lauch putzen, in schräge, etwa 1 Zentimeter dicke Scheiben schneiden und waschen. Das Öl in einem Topf oder einer Pfanne mit Deckel erhitzen, die Lauchscheiben von beiden Seiten kurz anbraten, mit wenig Meersalz, Pfeffer und Muskatnuß würzen und die Gemüsebrühe angießen. Den Lauch bißfest garen und auf einem Kuchengitter auskühlen lassen.
2. Die Paprikaschote putzen, das Kerngehäuse entfernen und das Fruchtfleisch in kleine Würfel schneiden.
3. Den Frischkäse mit dem Quark glattrühren, mit wenig Meersalz, Pfeffer und Paprikapulver abschmecken und die Paprikawürfel und die Schnittlauchröllchen unterheben.

4. Die Quarkcreme in einen Spritzbeutel füllen. Die Lauchscheiben sternförmig auf vier Tellern anordnen und auf jede Scheibe einen Tupfen Creme spritzen.
5. Den Leinsamen auf die Quarktupfen streuen und die Radieschenkeimlinge zwischen die Lauchherzen setzen.

92 kcal • 384 kJ • 4 g F •
0,3 mg Chol • 5 g KH •
9 g E

Salat „Ratatouille"

Zubereitungszeit:
ca. 45 Min.
Zeit zum Durchziehen:
ca. 15 Min.

Für 4 Personen

1 kleine Aubergine
(200 g)
1 Zucchino (200 g)
je 1 rote und grüne
Paprikaschote (à 125 g)
1 Zwiebel (40 g)
1 EL Olivenöl (10 g)
1 Prise Currypulver
1 Msp. zerdrückter
Knoblauch
2 Safranfäden
wenig Meersalz
frisch gemahlener
schwarzer Pfeffer
100 ml Gemüsebrühe
(siehe Rezept Seite 55)
1 Tomate (80 g)
1 EL Sherryessig (10 g)
1 EL gemischte gehackte
Kräuter (Thymian,
Basilikum, Oregano)

1. Die Aubergine waschen, längs vierteln und mit einem Buntmesser (siehe Foto) in etwa 1/2 Zentimeter dicke Scheiben schneiden. Den Zucchino waschen, halbieren,

die Kerne mit einem Teelöffel herauskratzen und das Fruchtfleisch ebenfalls mit dem Buntmesser in etwa 1/2 Zentimeter dicke Halbmonde schneiden.
2. Die Paprikaschoten waschen, halbieren, die Kerngehäuse entfernen und das Fruchtfleisch in Rauten schneiden. Die Zwiebel schälen und fein würfeln.
3. Das Olivenöl in einem Topf erhitzen, die Zwiebelwürfel darin glasig braten, die Paprikarauten dazugeben und mit anbraten. Mit Curry, Knoblauch, Safranfäden, wenig Meersalz und Pfeffer würzen.
4. Die Gemüsebrühe angießen und alles etwa 5 Minuten köcheln lassen. Dann die Zucchinohalbmonde dazugeben und 5 Minuten mitgaren. Zuletzt die Auberginenviertel unterheben und weitere 5 Minuten garen; das Gemüse sollte bißfest bleiben. Anschließend abkühlen lassen.
5. Die Tomate waschen, den grünen Stengelansatz herausschneiden. Die Tomate vierteln, das Kerngehäuse herausnehmen und das Fruchtfleisch in Würfel schneiden. Zusammen mit dem Sherryessig und den Kräutern unter den abgekühlten Salat heben.
6. Den Salat etwa 15 Minuten ziehen lassen und gegebenenfalls nochmals abschmecken. Auf vier Tellern anrichten und mit frischen Kräutern garnieren.
Dazu passen Rinder-, Lamm- oder auch Wildschinken.

69 kcal • 287 kJ • 4 g F •
0 mg Chol • 6 g KH • 3 g E

Waldorfsalat mit Pinienkernen

Zubereitungszeit:
ca. 20 Min.
Zeit zum Durchziehen:
ca. 10 Min.

Für 4 Personen

1 Becher Magerjoghurt (150 g)
2 EL Crème fraîche (30 g)
Saft von ½ Zitrone
wenig Meersalz
weißer Pfeffer
1 Msp. Currypulver
1 TL kalt gepreßtes Traubenkernöl (5 g)
200 g Knollensellerie
2 Äpfel (200 g)
1 Scheibe Ananas (50 g)
1 EL gehackte Minze
1 EL geröstete Pinienkerne (10 g)

1. Den Joghurt mit der Crème fraîche verrühren und mit Zitronensaft, wenig Meersalz und Pfeffer abschmecken. Das Currypulver mit dem Öl verrühren und unter die Joghurtcreme geben.
2. Den Sellerie waschen, schälen und in feine Streifen schneiden. Den Apfel waschen, das Kerngehäuse herausschneiden und das Fruchtfleisch raspeln. Alles unter die Joghurtcreme heben.
3. Von der Ananas die Schale entfernen, den harten Strunk in der Mitte herausschneiden. Das Fruchtfleisch in kleine Würfel schneiden und ebenfalls unterziehen, danach etwa 10 Minuten durchziehen lassen.
4. Die Minze unterheben und den Salat mit Pinienkernen bestreuen.

117 kcal • 489 kJ • 6 g F • 11 mg Chol • 12 g KH • 3 g E

SUPPEN

Eine dampfende, köstlich
duftende Suppe ist etwas
Feines. Ihre Zubereitung
mit den Anforderungen
einer cholesterinarmen
Ernährung in Einklang zu
bringen ist nicht schwer,
wie Ihnen die Rezepte in
diesem Kapitel zeigen.
Um eine gute Suppe zuzu-
bereiten, bedarf es keiner
dicken Fettaugen und
schwerer Cremes.
Sie finden in dieser
Rezeptsammlung eine
Auswahl an klaren Sup-
pen und dazu abwechs-
lungsreiche Einlagen, wie
Sesam-Grieß-Nocken,
Kalbfleischklößchen oder
Steinpilzschöberl, sowie
cremige Varianten, die
ohne cholesterinreiche
Zusätze von Schlagsahne
und Crème fraîche aus-
kommen.
Hier finden Sie auch die
Zubereitung von Gemüse-
brühe, die als Suppe und
zum Garen von Gemüse
ideal ist. Sie können,
wenn in den Rezepten
kleinere Mengen Gemüse-
brühe verwendet werden,
auch auf natriumarme
Extrakte zurückgreifen,
die die Reformhäuser
anbieten.

Rinderbrühe

Zubereitungszeit:
ca. 2 ¼ Std.

Für 4 Personen

400 g Rinderknochen
½ Karotte (20 g)
1 Stück Sellerieknolle
(10 g)
1 Stück Lauch (10 g)
1 Stück Petersilienwurzel
(5 g)
1 Stück Zwiebel (10 g)
¼ Lorbeerblatt
1 Nelke
2 Wacholderbeeren
1 Knoblauchzehe
einige Pfefferkörner
wenig Meersalz
1 kleiner Bund gemischte
Kräuter (Petersilie,
Liebstöckel, Majoran)
1 Tomate (70 g)
frisch gemahlener
weißer Pfeffer
Muskatnuß

1. Die Rinderknochen gut
waschen, in reichlich
kochendes Wasser geben
und einmal aufkochen las-
sen. Das Wasser abgießen
und die Knochen kalt
abwaschen.
2. Die Knochen anschließend in 1 ½ Liter kaltes
Wasser geben, langsam
aufkochen lassen,
abschäumen und etwa
1 Stunde köcheln lassen.
3. Das Gemüse putzen,
waschen und zusammen-
binden. Die Zwiebel schä-
len und ohne Fett in einer
Pfanne goldgelb rösten.
4. Nach einer Stunde das
Gemüse, sowie die Zwie-
bel und die Gewürze
dazugeben. Mit wenig
Meersalz würzen und wei-
tere 30 bis 40 Minuten
köcheln lassen.
5. Die Kräuter gut
waschen, die Tomate hal-
bieren, in die Brühe
geben und etwa 30 Minu-
ten mitköcheln lassen.

6. Die Brühe mit wenig
Meersalz und Pfeffer
abschmecken. Ein wenig
Muskatnuß in ein Passier-
sieb reiben und die Brühe
hindurchgießen.

6 kcal • 27 kJ • 0,4 g F •
0 mg Chol • 0,3 g KH •
0,4 g E

Variation
Wählen Sie als Einlage
einen unserer Vorschläge
auf den Seiten 56 bis 59.

Consommé

Zubereitungszeit:
ca. 1 ½ Std.

Für 4 Personen

250 g mageres Rindfleisch
(Beinfleisch)
½ Karotte (30 g)
1 Stück Sellerieknolle
(20 g)
¼ Stange Lauch (30 g)
¼ Zwiebel (20 g)
100 g Eiswürfel
1 Eiklar (35 g)
1 ½ l mild abgeschmeckte
Rinderbrühe (siehe
nebenstehendes Rezept)
je 1 Zweig Petersilie,
Thymian und Liebstöckel

1. Das Rindfleisch durch
die grobe Scheibe des
Fleischwolfes drehen. Das
Gemüse putzen, waschen,
die Zwiebel schälen und
alles in feine Würfel
schneiden. Mit dem Rind-
fleisch mischen.

2. Die Eiswürfel in ein
Tuch geben und mit
einem Hammer oder
Fleischklopfer zerstoßen.
Das Eis in eine Schüssel
geben und mit dem Eiklar
mischen.
3. Die Rindfleisch-Gemü-
se-Mischung, das Eis und
das Eiklar gut verrühren,
bis eine feste Masse ent-
steht. Diese kurz ruhen
lassen.
4. Die Fleisch-Gemüse-
Masse mit der Rinder-
brühe in einen Topf
geben und langsam unter
zeitweiligem Rühren auf-
kochen lassen.
5. Wenn sich das Klär-
fleisch zusammengezogen
hat, die Kräuterzweige
dazugeben und alles etwa
1 Stunde ziehen lassen.
Die Consommé vorsichtig
durch ein Sieb oder ein
Tuch gießen und sofort
servieren.

6 kcal • 27 kJ • 0,4 g F •
0 mg Chol • 0,3 g KH •
0,4 g E

Variation
Wählen Sie als Einlage
einen unserer Vorschläge
auf den Seiten 56 bis 59.

Gemüsebrühe

Zubereitungszeit:
1 Std.

Für 4 Personen

1 Karotte (100 g)
¼ Sellerieknolle (100 g)
½ Stange Lauch (50 g)
2 Petersilienwurzeln
(50 g)
je 50 g Blumenkohl
und Brokkoli
½ Zwiebel (20 g)
1 Nelke
¼ Lorbeerblatt
2 Wacholderbeeren

1 Knoblauchzehe
einige Pfefferkörner
wenig Meersalz
1 Bund gemischte Kräuter
(Liebstöckel, Petersilie,
Majoran)
½ Tomate (30 g)
Muskatnuß

1. Das Gemüse waschen,
putzen und in kleine Wür-
fel schneiden. Die Zwie-
bel schälen, mit der
Schnittfläche in eine
Pfanne ohne Fett legen
und bräunen. Sie dient
zur Farb- und
Geschmacksgebung.
2. Das Gemüse mit 1 ½
Liter kaltem Wasser aufsetzen, aufkochen und leicht
köcheln lassen. Nach
10 Minuten die Gewürze,
die Knoblauchzehe, die
Pfefferkörner und wenig
Meersalz dazugeben und
weitere 20 Minuten
köcheln lassen.
3. Den Bund Kräuter und
die Tomate waschen, hin-

zufügen und nochmals
15 Minuten köcheln
lassen.
4. Ein wenig Muskatnuß
in ein Passiersieb reiben
und die Gemüsebrühe
hindurchgießen.

6 kcal • 27 kJ • 0,4 g F •
0 mg Chol • 0,3 g KH •
0,4 g E

Tip
Die Gemüsebrühe können
Sie statt Wasser zum Garen
von Gemüse verwenden.
Sie können sie auch aus
gesäuberten Gemüseabfäl-
len und Schalen kochen.
Lassen Sie die Brühe nach
dem Kochen erkalten, gie-
ßen sie in Eiswürfelbehäl-
ter und frieren sie ein. So
steht Ihnen jederzeit auch
eine kleinere Menge zur
Verfügung.
Servieren Sie die Gemüse-
brühe mit einer Einlage
Ihrer Wahl.

Kräuter-Lein-samen-Flädle

Zubereitungszeit:
ca. 20 Min.
Zeit zum Quellen:
ca. 30 Min.

Für 4 Personen

2 EL Roggenmehl
Type 997 (20 g)
3 EL Weizenmehl
Type 405 (30 g)
4 EL fettarme Milch (60 g)
1 Eiklar (35 g)
wenig Meersalz
frisch gemahlener
weißer Pfeffer
geriebene Muskatnuß
½ TL gehackte Kräuter
(Schnittlauch, Petersilie)
½ TL Leinsamenschrot
(2 g)
1 TL kalt gepreßtes
Sonnenblumenöl (5 g)
½ Bund Schnittlauch

1. Die Mehle in eine
Schüssel sieben und nach
und nach mit der Milch
und dem Eiklar zu einem
glatten Teig verrühren.
2. Den Teig mit wenig
Meersalz, Pfeffer und Muskatnuß würzen und die
Kräuter und das Leinsa-
menschrot hinzufügen.
Den Teig etwa 30 Minuten
quellen lassen.
3. Jeweils wenig Öl in
eine beschichtete Pfanne
geben und aus dem Teig
dünne goldgelbe Pfannku-
chen backen. Diese auf
einem Kuchengitter aus-
kühlen lassen.
4. Die Pfannkuchen auf-
rollen und in etwa 1 Zentimeter dicke Scheiben
schneiden. Den Schnitt-
lauch in feine Röllchen
schneiden und mit den
Kräuterflädle in eine klare
Suppe geben.

71 kcal • 296 kJ • 3 g F •
0 mg Chol • 9 g KH • 3 g E

Hirse-Quark-Nocken

Zubereitungszeit:
ca. 20 Min.
Ruhezeit:
ca. 10 Min.

Für 4 Personen

20 g Hirse
50 ml Gemüsebrühe
(siehe Rezept Seite 55)
2 EL fettarme Milch
(30 g)
2 EL Diätmargarine
(20 g)
wenig Meersalz
frisch gemahlener
weißer Pfeffer
2 EL Weizenmehl
Type 405 (25 g)
1 Eiklar (35 g)
1 gehäufter EL trockener
Magerquark (35 g)
geriebene Muskatnuß
1 Prise Kümmelpulver
½ EL gehackte Petersilie
ca. 1 l leicht gesalzenes
Wasser, Gemüse- oder
Rinderbrühe (siehe
Rezept Seite 55 und 54)

1. Die Hirse gut waschen,
mit der Gemüsebrühe in
einen Topf geben und
10 Minuten kochen lassen.
Vom Herd nehmen und
etwa 20 Minuten nach-
quellen lassen.
2. Inzwischen die Milch
mit der Margarine, wenig
Meersalz und Pfeffer in
einem Topf zum Kochen
bringen, das gesiebte Mehl
auf einmal hinzugeben
und die Zutaten mit
einem Kochlöffel zu
einem Kloß verrühren.
3. Diesen so lange erwär-
men, bis sich auf dem
Topfboden ein weißer
Belag bildet. Dann den
Teig in eine Schüssel
geben.
4. Das Eiklar mit dem Teig
verrühren, so daß er
geschmeidig wird. Den
Quark und die aus-
gekühlte Hirse dazugeben
und mit Muskatnuß, Küm-
mel und Petersilie wür-
zen. Die Hirse-Quark-
Masse etwa 10 Minuten
ruhen lassen.
5. Reichlich leicht gesalzenes Wasser, besser Gemü-
se- oder Rinderbrühe zum
Kochen bringen. Mit
einem Teelöffel vom Teig
20 bis 22 kleine Nocken
abstechen und etwa 10
Minuten in der Flüssigkeit
ziehen, nicht kochen las-
sen. Die Nocken heraus-
nehmen und als Einlage
in eine klare Suppe
geben.

89 kcal • 372 kJ • 4 g F •
0,5 mg Chol • 9 g KH •
4 g E

Tip
Man sollte die Nocken in
separater Flüssigkeit
garen, damit sie den
Geschmack der Suppe
nicht beeinflussen.
Machen Sie zunächst eine
Kochprobe, dann können
Sie den Teig noch beliebig
mit mehr Flüssigkeit oder
Zutaten verändern.

Sesam-Grieß-Nocken

Zubereitungszeit:
ca. 20 Min.
Zeit zum Quellen:
ca. 10 Min.

Für 4 Personen

1 TL Sesam (5 g)
2 ½ EL Hartweizengrieß
(25 g)
1 EL Diätmargarine (10 g)
1 TL Gemüsebrühe oder
Wasser
2 Eiklar (70 g)
wenig Meersalz
frisch gemahlener
weißer Pfeffer
1 Prise geriebene
Muskatnuß
1 EL gehackte Petersilie
ca. 1 l leicht gesalzenes
Wasser, Gemüse- oder
Rinderbrühe (siehe
Rezepte Seite 55 und 54)

1. Den Sesam ohne Fettzu-
gabe goldgelb rösten, auskühlen lassen und mit
dem Hartweizengrieß
mischen.
2. Die Margarine in einem
Topf erwärmen, die
Grieß-Sesam-Mischung
dazugeben und darin
anschwitzen. Mit Gemüse-
brühe oder Wasser
ablöschen.
3. Die Eiklare nach und
nach unter die warme
Masse rühren und mit
wenig Meersalz, Pfeffer,
Muskatnuß und Petersilie
abschmecken. Anschlie-
ßend den Topf vom Herd
nehmen und die Sesam-
Grieß-Mischung etwa
10 Minuten quellen lassen.
4. Das Wasser, besser
Gemüse- oder Rinder-
brühe zum Kochen brin-
gen. Mit einem Teelöffel
vom Teig 10 bis 12 kleine
Nocken abstechen und
etwa 10 Minuten in der
Flüssigkeit ziehen lassen.
Die Nocken herausneh-
men und als Einlage in
eine klare Suppe geben.
Siehe Tip zu Hirse-Quark-
Nocken.

56 kcal • 236 kJ • 3 g F •
0,2 mg Chol • 4 g KH •
3 g E

Steinpilzschöberl

Zubereitungszeit:
ca. 25 Min.
Vorheizen des Backofens
auf 180° C
Backzeit: ca. 10 Min.

Für 4 Personen

80 g Weizenmehl
Type 405
1 TL Backpulver (3 g)
wenig Meersalz
geriebene Muskatnuß
frisch gemahlener
weißer Pfeffer
2 Eiklar (70 g)
1 EL Gemüsebrühe (siehe
Rezept Seite 55) oder
Wasser
2 EL gehackte Kresse
oder Petersilie
1 TL Sonnenblumenöl
(5 g)
4 kleine Steinpilze (40 g)
oder 4 mittelgroße Stein-
pilzchampignons
Saft von ¼ Zitrone

1. Das Mehl in eine Schüssel sieben und mit dem Backpulver, wenig Meersalz, Muskatnuß und Pfeffer mischen.
2. Die Eiklare mit der Gemüsebrühe oder dem Wasser in eine runde Metallschüssel geben, diese in ein heißes Wasserbad hängen und die Mischung schaumig aufschlagen. Die Schüssel in ein kaltes Wasserbad hängen und die Masse kaltschlagen.
3. Die Mehlmischung und die Kresse dazugeben und vorsichtig unterheben. Ein Backblech mit Backpapier auslegen, dieses mit dem Sonnenblumenöl einfetten und die Biskuitmasse in einem Quadrat von 10 x 10 Zentimetern daraufstreichen.

4. Die Steinpilze oder Steinpilzchampignons putzen und mit einem mit Zitronenwasser angefeuchteten Tuch abreiben. Die Pilze in dünne Scheiben schneiden.
5. Die Pilzscheiben auf der Biskuitmasse verteilen und leicht hineindrücken. Den Teig etwa 10 Minuten backen.
6. Anschließend abkühlen lassen, dann in Rauten, Streifen oder in andere Formen schneiden. Die Schöberl als Einlage in eine klare Suppe geben.

90 kcal • 377 kJ • 2 g F •
0,1 mg Chol • 14 g KH •
5 g E

Variation
Auf die Biskuitmasse können Sie auch in Streifen geschnittenen Schinken, Zunge oder Gemüse geben.

Kalbfleisch-Pistazien-Klößchen

Zubereitungszeit:
ca. 20 Min.
Kühlzeit:
ca. 70 Min.

Für 4 Personen

80 g magere Kalbsschulter
wenig Meersalz
1 Msp. Pastetengewürz
1 EL Kaffeesahne 4 % Fett
(10 g)
1 Eiklar (35 g)
geriebene Muskatnuß
1 TL gehackte Pistazien
(4 g)
4 Basilikumblätter
ca. 1 l leicht gesalzenes
Wasser, Gemüse- oder
Rinderbrühe (siehe
Rezept Seite 55 und 54)

1. Die Kalbsschulter von der Sehne befreien, durch die grobe Scheibe des Fleischwolfes drehen, mit wenig Meersalz und Pastetengewürz würzen und etwa 1 Stunde kalt stellen.
2. Das Kalbfleisch in einen Mixer geben und mit der Kaffeesahne, dem Eiklar und Muskatnuß gut verschlagen.
3. Die Pistazien unter die Kalbfleischfarce geben, diese eventuell nachwürzen und etwa 10 Minuten ruhen lassen.
4. Das Wasser oder die Brühe zum Kochen bringen. Mit einem Teelöffel vom Teig 20 bis 24 kleine Nocken abstechen und etwa 10 Minuten in der Flüssigkeit ziehen lassen. Die Klößchen herausnehmen und mit den Basilikumblättchen als Einlage in eine klare Suppe geben. Siehe Tip zu Hirse-Quark-Nocken.

33 kcal • 141 kJ • 1 g F •
0,4 mg Chol • 1 g KH • 6 g E

Tip
Sie können die Kalbfleischklößchen bereits einen Tag vor dem Servieren garen. Geben Sie die Klößchen in die Brühe, lassen diese einmal aufkochen und schrecken die Klößchen dann in Eiswasser kurz ab. Dadurch bleiben sie nach dem Abkühlen sehr saftig und brauchen vor dem Servieren nur noch kurz in der Suppe erwärmt zu werden.

Schneckensuppe mit Knoblauch-croûtons

Zubereitungszeit:
ca. 35 Min.
Vorheizen des Backofens
auf 180° C
Zeit zum Erwärmen:
ca. 5 Min.

Für 4 Personen

Suppe:
12 Weinbergschnecken
aus der Dose
1 Zwiebel (40 g)
½ Karotte (40 g)
2 Knoblauchzehen
1 EL Diätmargarine (10 g)
wenig Meersalz
frisch gemahlener
weißer Pfeffer
2 EL Weizenmehl
Type 405 (20 g)
½ l heiße Rinderbrühe
(siehe Rezept Seite 54)
1 EL Crème fraîche (15 g)
1 EL Kaffeesahne 4 % Fett
(15 g)
1 EL gehackte Petersilie

Croûtons:
2 Scheiben Roggentoast
(40 g)
2 Knoblauchzehen
1 EL Diätmargarine (10 g)

1. Die Weinbergschnekken auf einem Sieb abtropfen lassen und die Brühe auffangen. Die Schnecken in kleine Würfel schneiden.
2. Die Zwiebel und die Karotte schälen und in Würfel schneiden. Die Knoblauchzehe schälen und zerdrücken.
3. Die Margarine in einem Topf erhitzen, die Zwiebel- und Karottenwürfel darin anbraten, die Schneckenwürfel dazugeben und alles etwa 5 Minuten dünsten. Den Knoblauch, wenig Meersalz und Pfeffer hinzufü

gen und die Schneckenbrühe angießen. Alles etwas einkochen lassen.
4. Das Mehl darüberstäuben, die Rinderbrühe dazugießen und die Suppe etwa 15 Minuten köcheln lassen.
5. Inzwischen aus dem Roggentoast herzförmige Croûtons ausstechen. Die Knoblauchzehen schälen und mit wenig Meersalz und Pfeffer zerdrücken. Mit der Margarine mischen.
6. Die Brotherzen mit der Knoblauchmargarine bestreichen und im Backofen kurz erwärmen, damit das Aroma des Knoblauchs in das Brot zieht.
7. Die Schneckensuppe mit der Créme fraîche und der Kaffeesahne verrühren, danach nicht mehr kochen lassen.
8. Kurz vor dem Servieren die gehackte Petersilie unterziehen. Die Herzcroûtons extra zur Suppe reichen.

226 kcal • 951 KJ • 15 g F •
32 mg Chol • 16 g KH •
9 g E

Forellencreme-suppe

Zubereitungszeit:
ca. 1 Std.

Für 4 Personen

2 frische Forellen
(à 220 g)
100 g Karotte, Sellerie
und Lauch
200 g Seelachs- oder
Kabeljaufilet
2 EL Diätmargarine (20 g)
wenig Meersalz
frisch gemahlener
weißer Pfeffer

Saft von ¼ Zitrone
2 EL Weizenmehl
Type 405 (20 g)
2 EL Weißwein (30 ml)
½ l Wasser
¼ Lorbeerblatt
1 Sträußchen Dill
4 TL gekochter wilder
Reis (siehe Rezept
Seite 120)
2 EL Kaffeesahne 4 % Fett
(30 g)
einige Sauerampferblätter

1. Die Forelle waschen, ausnehmen und den Kopf abschneiden. Mit einem scharfen Messer, ausgehend vom Kopf, entlang der Rückengräte einschneiden und das Filet herauslösen. Den Fisch wenden und dies an der anderen Seite wiederholen. Mit einer Pinzette die Filets von restlichen kleinen Gräten befreien. (Sie können sich den Fisch auch beim Händler küchenfertig vorbereiten lassen.)

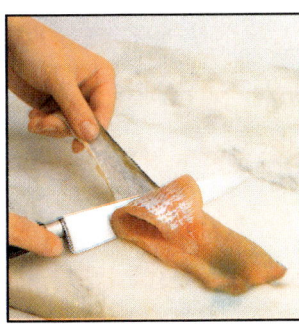

2. Die Filets auf die Hautseite legen und mit einem dünnen, scharfen Messer,

vom Schwanzende ausgehend zwischen Haut und Fleisch entlangschneiden. Die gehäuteten Filets säubern und in kleine Würfel schneiden. Die Mittelgräte waschen und zerkleinern.
3. Das Gemüse putzen, waschen und in Würfel schneiden, das Seelachs- oder Kabeljaufilet würfeln.
4. Die Margarine in einem Topf erhitzen, die Fischgräten, die Seelachs- oder Kabeljauwürfel und das Gemüse darin anschwitzen. Mit wenig Meersalz, Pfeffer und Zitronensaft würzen.
5. Das Mehl darüberstreuen und mit dem Weißwein ablöschen. Das Wasser angießen, das Lorbeerblatt und den Dill dazugeben und alles etwa 20 Minuten köcheln lassen.
6. Die Fischsuppe durch ein Haarsieb in einen Topf passieren und eventuell nachwürzen.
7. Den wilden Reis und die rohen Forellenfiletwürfel hineingeben und einmal aufkochen lassen. Die Kaffeesahne zuletzt unterrühren, die Suppe darf dann nicht mehr kochen.
8. Den Sauerampfer waschen, in feine Streifen schneiden und zuletzt über die Suppe streuen.

215 kcal • 904 kJ • 7 g F •
48 mg Chol • 14 g KH •
23 g E

Minestrone

Zubereitungszeit:
ca. 90 Min.
Zeit zum Quellen:
ca. 8 Std.

Für 6 Personen

100 g getrocknete weiße Bohnen
1 Scheibe magerer roher Schinken (50 g)
1 Zwiebel (40 g)
4 Knoblauchzehen
1 ½ Karotten (150 g)
2 Petersilienwurzeln
½ Staude Bleichsellerie (150 g)
½ Stange Lauch (50 g)
100 g Weißkohl
250 g grüne Erbsenschoten
500 g frische Bohnenkerne
500 g Fleischtomaten
2 EL Olivenöl (20 g)
1 l heiße Rinderbrühe (siehe Rezept Seite 54)
1 Lorbeerblatt
1 Zweig Rosmarin
1 Zweig Petersilie
wenig Meersalz
frisch gemahlener schwarzer Pfeffer
40 g Vollkornspaghetti
1 Prise geriebene Muskatnuß
1 EL gehackte Petersilie

1. Die getrockneten Bohnen kalt abspülen und in einem Topf mit Wasser bedeckt etwa 8 Stunden quellen lassen.
2. Die Bohnen mit dem Einweichwasser aufsetzen, aufkochen und bei schwacher Hitze etwa 30 Minuten köcheln lassen.
3. Inzwischen den Schinken in Würfel schneiden, die Zwiebeln und die Knoblauchzehen schälen und ebenfalls fein würfeln.
4. Die Karotten und die Petersilienwurzeln waschen, schälen und in dünne Scheiben schneiden. Den Bleichsellerie waschen, eventuell harte Fasern abziehen und die Stangen in etwa ½ Zentimeter lange Stücke schneiden. Den Lauch waschen und in gleich große Ringe schneiden.
5. Den Weißkohl putzen, den Strunk herausschneiden und den Kohl in dünne Scheiben schneiden. Die Erbsenschoten waschen und putzen, die Bohnen waschen.
6. Die Fleischtomaten waschen, die grünen Stengelansätze entfernen und die Tomaten in kochendes Wasser tauchen. Anschließend kalt abschrecken und die Haut abziehen. Die Tomaten vierteln und mit einem Messer fein hacken.
7. Das Olivenöl in einem Topf erhitzen, die Schinkenwürfel darin kurz anbraten, die Zwiebel und den Knoblauch dazugeben und ebenfalls kurz braten.
8. Alle Gemüsesorten bis auf die vorgegarten Bohnen und die Tomaten dazugeben und alles etwa 5 Minuten mit anbraten.
9. Die vorgegarten Bohnen dazugeben, die Rinderbrühe angießen und aufkochen. Dann die Tomatenwürfel, das Lorbeerblatt, den Rosmarin und den Petersilienzweig, wenig Meersalz und Pfeffer dazugeben und alles etwa 15 Minuten köcheln lassen.
10. Die Vollkornspaghetti in reichlich Wasser bißfest kochen, abgießen und auskühlen lassen.
11. Wenn das Gemüse gar ist, die Kräuterzweige und das Lorbeerblatt aus der Suppe entfernen, mit Muskatnuß abschmecken, die Spaghetti dazugeben und nochmals aufkochen lassen. Die Suppe in vorgewärmte Teller geben und mit Petersilie bestreuen.

331 kcal • 1391 kJ • 8 g F • 0,1 mg Chol • 43 g KH • 22 g E

Tomatencremesuppe mit Quarknocken

Zubereitungszeit:
ca. 45 Min.

Für 4 Personen

700 g Tomaten
1 Stück Sellerieknolle (10 g)
1 Stück Lauch (30 g)
½ kleine Karotte (20 g)
1 EL Diätmargarine (10 g)
wenig Meersalz
frisch gemahlener schwarzer Pfeffer
4 EL Tomatenmark (60 g)
½ l Gemüsebrühe (siehe Rezept Seite 55)
1 Bund Basilikum
3 EL Magerquark (80 g)
1 Prise geriebene Muskatnuß
¼ l Gemüsebrühe
100 ml Tomatensaft
2 EL Kaffeesahne 4 % Fett (30 g)
4 Basilikumblätter

1. Die Tomaten waschen und die grünen Stengelansätze entfernen. Zwei Tomaten kurz in kochendes Wasser geben, sofort in kaltem Wasser abschrecken und die Haut abziehen. Die gehäuteten Tomaten vierteln, die Kerngehäuse herauskratzen, das Fruchtfleisch in Würfel schneiden und für die Einlage beiseite stellen. Die restlichen Tomaten vierteln.

2. Den Sellerie, den Lauch und die Karotte putzen, waschen und in Würfel schneiden.
3. Die Margarine in einem Topf erhitzen, die Gemüsewürfel, die Tomatenviertel und die Kerngehäuse der gehäuteten Tomaten darin anschwitzen und mit wenig Meersalz und Pfeffer würzen.
4. Das Tomatenmark dazugeben und mit einem Teil der Gemüsebrühe ablöschen. Einmal gut durchkochen lassen und den Rest der Gemüsebrühe dazugeben.
5. Das Basilikum hinzufügen und alles etwa 15 Minuten köcheln lassen.
6. Inzwischen den Magerquark mit Muskatnuß abschmecken und gut verrühren. Die Gemüsebrühe erhitzen. Mit einem Mokkalöffel kleine Nocken abstechen und in der Brühe etwa 5 Minuten ziehen lassen.
7. Die Tomatensuppe durch ein Sieb passieren, nochmals aufkochen und eventuell nachwürzen. Mit dem Tomatensaft abrunden.
8. Die Kaffeesahne in die Suppe rühren, danach nicht mehr kochen lassen. Nun die Tomatenwürfel als Einlage dazugeben. Die Suppe in vorgewärmte Teller geben, die Quarknocken vorsichtig hinzufügen und jeweils ein Basilikumblatt daraufgeben.

101 kcal • 425 kJ • 4 g F • 1 mg Chol • 10 g KH • 7 g E

KLEINE WARME GERICHTE

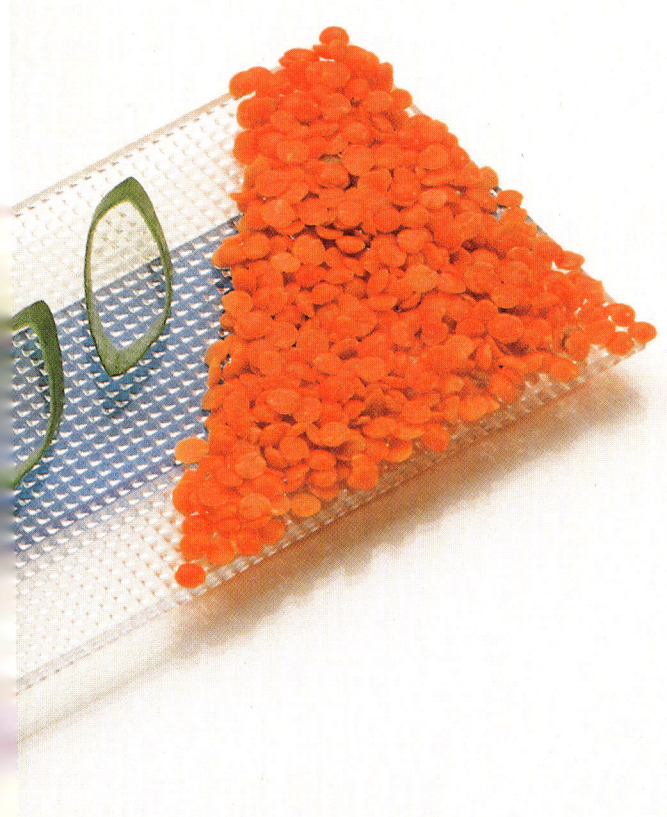

Manchmal, besonders an heißen Tagen im Sommer, hat man keinen Appetit auf eine größere warme Mahlzeit, sondern möchte lieber etwas Leichteres zu sich nehmen. Für diese und andere Gelegenheiten haben wir im folgenden Kapitel kleine Gerichte zusammengestellt. Sie lassen sich selbstverständlich auch zu einer Hauptmahlzeit erweitern. Überprüfen Sie jeweils anhand der pro Portion angegebenen Nährwerte, um wieviel Sie die Mengen erweitern können, ohne daß das Gericht Ihren Kalorien- oder Cholesterinplan sprengt.

Reduzierte Mengen einiger Gerichte in diesem Kapitel, wie Ravioli mit Tofu-Spinat-Füllung, Spinatnocken, Rösti mit Kräuterdips, ein kleines Stück Gemüsestrudel oder einer Gemüsetorte, können Sie leicht als warme Vorspeise servieren. Wenn Sie stets die enthaltenen Kalorien und den Cholesteringehalt beachten,

sind Ihrer Phantasie keine Grenzen gesetzt. Einige der Gerichte werden mit relativ großen Mengen Eiklar zubereitet, um die gewünschte Bindung zu erreichen. Damit Sie die übrigbleibenden cholesterinreichen Eigelbe nicht einfach wegwerfen müssen, sprechen Sie eventuell mit Freunden, die nicht aus gesundheitlichen Gründen darauf verzichten müssen. Jedoch sollten auch Gesunde nicht mehr als 300 Milligramm Cholesterin pro Tag zu sich nehmen, eine Menge, die bereits in einem Eigelb enthalten ist.

Gefüllte Zucchini mit Kräutersauce

Zubereitungszeit:
ca. 30 Min.
Vorheizen des Backofens
auf 200°C
Backzeit: ca. 20 Min.

Für 4 Personen

2 Zucchini (400 g)
1 Knoblauchzehe
wenig Meersalz
1 Karotte (50 g)
1 Zwiebel (40 g)
1 EL Sonnenblumenöl (10 g)
2 EL gemahlene Haselnüsse (10 g)
1 EL Mandelblättchen (10 g)
100 g Frischkäse leicht
80 g Magerquark
3 EL Roggenflocken (30 g)
1 Prise Currypulver
1 Zweig frische Minze
200 ml Gemüsebrühe (siehe Rezept Seite 55)
1 Zweig Thymian
1 Lorbeerblatt
1 EL Diätmargarine (10 g)
1 TL Weizenmehl Type 405 (5 g)
2 EL Kaffeesahne 4% Fett (30 g)
1 EL frische, gehackte Kräuter (Dill, Petersilie, Kerbel)

1. Die Zucchini putzen, waschen und der Länge nach halbieren. Das Fruchtfleisch bis auf ½ Zentimeter mit einem Teelöffel herauskratzen und fein schneiden.
2. Die Knoblauchzehe schälen, zerdrücken, die Zucchinihälften damit ausreiben und mit wenig Meersalz würzen.
3. Die Karotte und die Zwiebel schälen, in kleine Würfel schneiden. Das Öl erhitzen, die Karotten-

und Zwiebelwürfel darin anbraten, das Zucchinifleisch dazugeben und alles etwa 5 Minuten braten, dann auskühlen lassen.
4. Das Gemüse mit den Haselnüssen, den Mandeln, dem Frischkäse, dem Quark und den Roggenflocken zu einer sämigen Masse verrühren und diese mit Currypulver, wenig Meersalz und gehackten Minzeblättchen abschmecken.
5. Die Masse in einen Spritzbeutel mit Lochtülle füllen und in die Zucchinihälften spritzen. Diese in eine Auflaufform legen, die Gemüsebrühe angießen und den Thymianzweig und das Lorbeerblatt hinzufügen. Die Form abdecken und die Zucchini etwa 20 Minuten im Ofen garen.
6. Die Margarine und das Mehl mit einer Gabel zu einem glatten Teigbällchen kneten. Die Zucchini aus der Auflaufform nehmen.
7. Den zurückbleibenden Gemüsefond mit der Fett-Mehl-Mischung in einem Topf gut verrühren und einige Minuten kochen. Den Topf vom Herd nehmen, die Sauce mit der Kaffeesahne verrühren, nicht mehr kochen lassen und mit den Kräutern abschmecken.
Dazu paßt die Variation von Spargel in Vinaigrette (siehe Rezept Seite 139).

166 kcal • 695 kJ • 8 g F •
1 mg Chol • 13 g KH •
11 g E

Ravioli mit Tofu-Spinat-Füllung

Zubereitungszeit:
ca. 30 Min.
Ruhezeit: ca. 35 Min.

Für 6 Personen

Teig:

150 g Weizenmehl
Type 405

100 g Roggenmehl
Type 997

50 g Hartweizengrieß

2 Eiklar (70 g)

wenig Meersalz

geriebene Muskatnuß

100 ml Wasser

1 Eiklar zum Bestreichen
(35 g)

Füllung:

300 g Blattspinat

2 Zwiebeln (80 g)

100 g Tofu

1 EL Sonnenblumenöl
(10 g)

1 Knoblauchzehe

½ EL gerebelter Oregano

2 EL Sesam (20 g)

2 Eiklar (70 g)

1. Die Mehlsorten mit dem Grieß mischen und auf eine Arbeitsfläche geben. In die Mitte eine Mulde drücken und die Eiklare, wenig Meersalz, Muskatnuß und Wasser hineingeben.
2. Vom Rand her alle Zutaten zu einem geschmeidigen Teig kneten. Diesen in Folie wickeln und etwa 30 Minuten ruhen lassen.
3. Inzwischen den Spinat putzen, die Stiele entfernen und die Blätter waschen. Den Spinat in kochendem Wasser kurz blanchieren, kalt abschrecken, mit einem Tuch ausdrücken und fein schneiden.

4. Die Zwiebeln schälen und in Würfel schneiden, den Tofu abtropfen lassen und ebenfalls würfeln.
5. Das Öl in einer Pfanne erhitzen, die Zwiebelwürfel darin glasig braten. Die Tofuwürfel und den Spinat dazugeben, die Knoblauchzehe durch eine Presse dazudrücken. Alles mit Oregano und wenig Meersalz abschmekken und kurz erhitzen.
6. Die Pfanne von der Kochstelle nehmen, den Sesam und die Eiklare unter die Masse heben.
7. Den Teig dünn zu einem großen Rechteck ausrollen und dieses in 18 gleich große Quadrate schneiden. Die Ränder der Quadrate mit dem Eiklar bestreichen.
8. In die Mitte eines jeden Teigquadrats etwa 1 Eßlöffel der Tofu-Spinat-Masse geben, über Eck zu einem Dreieck zusammenklappen und an den Rändern gut festdrücken. Die Ravioli etwa 5 Minuten ruhen lassen.
9. Anschließend in kochendes leicht gesalzenes Wasser geben und etwa 10 Minuten ziehen lassen.
Dazu passen Tomatencoulis (siehe Rezept Seite 74) und eine Auswahl von frischen Blattsalaten.

299 kcal • 1249 kJ • 7 g F •
0,1 mg Chol • 38 g KH •
18 g E

Gefüllte Champignonköpfe

Zubereitungszeit:
ca. 20 Min.
Vorheizen des Backofens
auf 180° C
Garzeit im Ofen:
ca. 10 Min.
Zeit zum Überbacken:
ca. 5 Min.

Für 4 Personen

8 große Champignon-köpfe (320 g)
Saft von ½ Zitrone
1 Zwiebel (40 g)
160 g Lachsschinken
1 EL Sonnenblumenöl (10 g)
frisch gemahlener weißer Pfeffer
wenig Meersalz
3 EL Haferflocken (30 g)
1 Bund Petersilie
2 EL Kaffeesahne 4 % Fett (30 g)
100 ml Gemüsebrühe (siehe Rezept Seite 55)
4 EL geriebener Parmesan (20 g)

1. Die Champignonköpfe putzen, waschen, die Stiele vorsichtig heraus-drehen, so daß die Köpfe unbeschädigt bleiben. Mit Zitronensaft beträufeln, damit sie sich nicht verfärben.

2. Die Stiele in Würfel schneiden. Die Zwiebel schälen und wie den Lachsschinken ebenfalls würfeln.

3. Die Zwiebelwürfel in Sonnenblumenöl glasig braten, die Champignon- und Schinkenwürfel dazu-geben und so lange mit-braten, bis sich Flüssigkeit bildet. Würzen und mit den Haferflocken binden.

4. Die Petersilie waschen, die Blättchen abzupfen und fein hacken. Zusam-men mit der Kaffeesahne unter die Gemüse-Schin-ken-Masse ziehen, danach nicht mehr kochen lassen. Sollte die Masse noch zu dünn sein, geben Sie noch einige Haferflocken dazu.

5. Die Lachsschinken-masse in die Champi-gnonköpfe füllen, diese in eine Auflaufform set-zen, die Gemüsebrühe angießen, die Form ver-schließen oder abdecken und alles im Ofen etwa 10 Minuten garen.

6. Die Form aus dem Ofen nehmen, den geriebenen Parmesan über die Pilze streuen und alles weitere 5 Minuten bei starker Oberhitze überbacken. Dazu paßt die Rote-Bete-Rohkost auf Eisbergsalat (siehe Rezept Seite 143).

165 kcal • 689 kJ • 7 g F •
5 mg Chol • 8 g KH •
18 g E

Austernpilze mit Grünkernfüllung

Zubereitungszeit:
ca. 40 Min.
Vorheizen des Backofens
auf 180° C
Garzeit im Ofen:
ca. 20 Min.

Für 4 Personen

---

120 g Grünkernvollkorn-
schrot

½ l Gemüsebrühe
(siehe Rezept Seite 55)

8 große Austernpilze
(400 g)

1 Zwiebel (40 g)

1 Karotte (50 g)

1 EL Olivenöl (10 g)

1 Knoblauchzehe

wenig Meersalz

1 EL eingelegte grüne
Pfefferkörner (10 g)

3 EL Weizengrieß (30 g)

3 EL Vollkornsemmel-
brösel (30 g)

2 Eiklar (70 g)

1 EL gehackter Thymian

je 1 Zweig Thymian und
Rosmarin

---

1. Das Grünkernschrot
mit ¼ Liter Gemüsebrühe
in einen Topf geben, auf-
kochen und bei mittlerer
Hitze unter ständigem
Rühren 15 bis 20 Minuten
köcheln lassen. Dann am
Herdrand etwa 25 Minu-
ten nachquellen lassen.
2. In der Zwischenzeit die
Austernpilze waschen und
die Stiele abschneiden.
Die Pilzköpfe in kochen-
dem Wasser kurz blan-
chieren, kalt abschrecken
und abtropfen lassen.
3. Die Pilzstiele fein würfeln. Die Zwiebel und die
Karotte schälen und eben-
falls fein würfeln.
4. Das Öl erhitzen, die
Zwiebel- und Karotten-
würfel darin anbraten,
den Knoblauch durch
eine Presse dazudrücken
und das Ganze mit wenig
Meersalz und den Pfef-
ferkörnern würzen. Pilz-
stiele dazugeben.
5. Alles so lange braten,
bis sich etwas Flüssigkeit
gebildet hat. Den Grieß,

die Vollkornsemmelbrösel
und die Grünkernmasse
hinzugeben, gut mischen
und von der Kochstelle
nehmen.
6. Die Eiklare nach und
nach in die Masse einrüh-
ren und kalt stellen.
7. Die Innenseite der
Austernpilzköpfe mit
gehacktem Thymian
bestreuen, mit der Grün-
kernmasse füllen und
zusammenklappen oder
die Masse zwischen zwei
Pilze geben.
8. Die Pilze in einen Bräter legen, die Kräuter-
zweige hinzufügen und
die Gemüsebrühe angie-
ßen. Im Ofen 15 bis 20
Minuten garen.
Dazu passen Tomatencou-
lis (siehe Rezept Seite 74)
und Brokkolisalat mit
Pinienkernen (siehe
Rezept Seite 138).

---

210 kcal • 882 kJ • 4 g F •
0 mg Chol • 33 g KH •
10 g E

Buchweizencrêpes mit Wurzelgemüse

Zubereitungszeit:
ca. 30 Min.

Für 4 Personen

150 g feines Buchweizen-mehl
5 EL Weizenmehl Type 405 (50 g)
wenig Meersalz
frisch gemahlener weißer Pfeffer
½ EL geriebener Meerrettich (5 g)
1 EL gehackte Petersilie
¼ l fettarme Milch
1 Karotte (50 g)
½ Zucchino (80 g)
¼ Sellerieknolle (50 g)
2 Eiklar (70 g)
2 EL Diätmargarine (20 g)

1. Die Mehlsorten mit wenig Meersalz, Pfeffer, Meerrettich und Petersilie mischen, in eine Schüssel geben und mit der Milch nach und nach zu einem dickflüssigen Teig rühren.
2. Die Karotte, den Zucchino und die Sellerie-knolle putzen, gegebenen-falls schälen, waschen und grob raspeln. Das Gemüse mit dem Teig mischen.
3. Die Eiklare zu steifem Schnee schlagen und unter die Buchweizen-Gemüse-Masse heben.
4. 1 Teelöffel Margarine in einer Pfanne erhitzen, ein Viertel des Teiges hinein-gießen, mit einem Pfan-nenwender glattstreichen und von beiden Seiten goldbraun braten. So vier Crêpes zubereiten.
Dazu passen Tomatencou-lis (siehe Rezept Seite 74) und frischer Blattsalat.

264 kcal • 1107 kJ • 6 g F • 0 mg Chol • 39 g KH • 10 g E

Grüne Nudeln mit Lachssauce

Zubereitungszeit:
ca. 50 Min.

Für 4 Personen

Teig:

150 g Blattspinat
200 g Weizenmehl
Type 405
25 g Hartweizengrieß
2 Eiklar (70 g)
wenig Meersalz
geriebene Muskatnuß

Lachssauce:

100 g kleine Steinpilz-
champignons
200 g frisches Lachsfilet
1 EL Diätmargarine (10 g)
3 EL Kaffeesahne 4 % Fett
(45 g)
Saft von ¼ Zitrone
1 Prise Cayennepfeffer
1 EL gehackte Petersilie

1. Den Spinat putzen, von
Stielen befreien, die Blätter waschen, in kochen-
dem Wasser kurz blan-
chieren und kalt abschrek-
ken. In ein Tuch geben,
ausdrücken und anschlie-
ßend im Mixer pürieren.
2. Das Mehl mit dem
Grieß mischen, auf eine
Arbeitsfläche geben und
in die Mitte eine Mulde
drücken. Das Spinat-
pürree, die Eiklare, wenig
Meersalz, 1 Prise Muskat-
nuß und etwas Wasser
hineingeben.
3. Alle Zutaten von innen
nach außen zu einem
geschmeidigen Nudelteig
kneten. Diesen abgedeckt
etwa 30 Minuten ruhen
lassen.
4. Inzwischen die Steinpilzchampignons putzen,
mit einem feuchten Tuch
abreiben und vierteln. Das
Lachsfleisch in etwa
5 Zentimeter lange
Streifen schneiden.

5. Den Nudelteig zu
einem großen Rechteck
sehr dünn ausrollen. Die
Teigplatte bemehlen,
zusammenrollen und die
Rolle in etwa 1 Zentimeter
breite Scheiben schnei-
den. Die Nudeln auswik-
keln und kurz in reichlich
Wasser bißfest kochen.
6. Die Margarine in einem
Topf erhitzen, die Cham-
pignons dazugeben und
so lange braten, bis Flüssigkeit austritt. Die Kaffeesahne und den Zitronen-
saft dazugeben und mit
wenig Meersalz und
Cayennepfeffer würzen.
7. Die Lachsstreifen hinzufügen und kurz garzie-
hen lassen.
8. Die Nudeln abgießen,
gut abtropfen lassen und
unter die Lachssauce
heben. Mit gehackter Petersilie bestreut servieren.
Dazu paßt ein Blattsalat
mit Kartoffeldressing
(siehe Rezept Seite 145).

334 kcal • 1396 kJ • 10 g F •
19 mg Chol • 40 g KH •
21 g E

Rösti mit Kräuterdips

Zubereitungszeit:
ca. 30 Min.

Für 4 Personen

Rösti:

1 Karotte (100 g)

¼ Sellerieknolle (80 g)

½ EL Olivenöl (5 g)

400 g Kartoffeln

4 EL Weizenmehl
Type 405 (40 g)

2 EL Leinsamenschrot
(20 g)

1 Zweig Majoran

1 Zweig Thymian

frisch gemahlener Pfeffer

wenig Meersalz

1 Eiklar (35 g)

2 EL Olivenöl (20 g)

Dips:

1 Rezept Tomaten-Estra-
gon-Dip (siehe Rezept
Seite 31)

1 Rezept Dill-Lachs-Dip
(siehe Rezept Seite 31)

1. Die Karotte und die
Sellerieknolle waschen,
schälen und grob raspeln.
Das Öl erhitzen und das
Gemüse kurz anbraten.
2. Die Kartoffeln
waschen, schälen und
grob raspeln mit dem
Gemüse, dem Mehl, dem
Leinsamenschrot, den
Gewürzen und dem Eiklar
zu einem Teig verrühren.
3. 1 Teelöffel Öl in einer
Pfanne erhitzen, ein Viertel des Teiges hineingeben
und mit einem Löffel
flach drücken. Das Rösti
von beiden Seiten gold-
gelb backen, warm halten
und die drei restlichen
backen. Die Rösti heiß mit
den Dips servieren. Dazu
paßt ein Lauch-Mais-Salat
(siehe Rezept Seite 136).

160 kcal • 666 kJ • 4 g F •
0 mg Chol • 24 g KH •
6 g E

Spinatnocken

Zubereitungszeit:
ca. 35 Min.

Für 4 Personen

4 EL fettarme Milch (50 g)
50 g Diätmargarine
wenig Meersalz
geriebene Muskatnuß
1 Knoblauchzehe
125 g Weizenmehl
Type 405
2 Eiklar (70 g)
6 Scheiben Roggentoast
(120 g)
500 g frischer Blattspinat
1 EL Diätmargarine für die
Form (10 g)
4 EL geriebener Edamer
30 % Fett i. Tr. (40 g)

1. Die Milch mit der Margarine, wenig Meersalz, Muskatnuß und der zerdrückten Knoblauchzehe in einen Topf geben und zum Kochen bringen.

2. Das gesiebte Weizenmehl auf einmal in die Flüssigkeit geben und unter kräftigem Rühren so lange erhitzen, bis sich ein Teigkloß bildet, der sich vom Topfboden löst. Am Topfboden sollte sich ein weißer Belag bilden.
3. Den Teig in eine Schüssel geben und etwas abkühlen lassen. Die Eiklare nach und nach darunterrühren, bis der Teig geschmeidig ist.
4. Den Roggentoast in Würfel schneiden und in einer beschichteten Pfanne goldgelb rösten.
5. Den Spinat putzen, von Stielen befreien, die Blätter waschen und in kochendem Wasser blanchieren. Abkühlen lassen und fein schneiden.
6. Die gerösteten Brotwürfel und den Spinat unter den Brandteig heben und alles gut mischen.

7. Reichlich leicht gesalzenes Wasser zum Kochen bringen. Mit einem Eßlöffel von dem Teig Nocken abstechen und diese im Wasser etwa 10 Minuten ziehen lassen.
8. Mit einer Schaumkelle herausnehmen und in eine gefettete Auflaufform geben. Die Spinatnocken mit dem Edamer bestreuen und unter dem Grill kurz überbacken. Dazu passen Tomatencoulis (siehe Rezept Seite 74) und das Salattrio in Karottenvinaigrette (siehe Rezept Seite 142).

331 kcal • 1382 kJ • 14 g F •
7 mg Chol • 36 g KH •
14 g E

Gemüsestrudel mit Tomatencoulis

Zubereitungszeit:
ca. 50 Min.
Vorheizen des Backofens
auf 200° C
Backzeit: ca. 40 Min.

Für 6 Personen

Teig:
200 g Weizenmehl
Type 405
100 g Roggenmehl
Type 997
100 g Kartoffelmehl
wenig Meersalz
geriebene Muskatnuß
250 ml Wasser
1 EL Diätmargarine für das
Blech (10 g)

Füllung:
150 g Mangold
1 Karotte (100 g)
¼ Sellerieknolle (80 g)
1 Stange Lauch (80 g)
1 EL Sonnenblumenöl
(10 g)
2 EL Gemüsebrühe
(siehe Rezept Seite 55)
3 EL Vollkornhaferflocken
(30 g)
50 g geriebener Edamer
30 % Fett i. Tr.
1 Eiklar (35 g)
frisch gemahlener
weißer Pfeffer
frisch gestoßener Kümmel

Zum Bestreichen:
1 Eiklar (35 g)
2 EL (30 g) Kaffeesahne
4 % Fett

Tomatencoulis:
600 g Tomaten
1 Zwiebel (50 g)
1 Knoblauchzehe
1 EL kalt gepreßtes
Olivenöl (10 g)
1 Zweig Thymian
½ Bund Basilikum

1. Das Weizen-, Roggen- und Kartoffelmehl mischen und auf eine Arbeitsfläche sieben. In die Mitte eine Mulde drük- ken und die Gewürze und das Wasser hineingeben. Die Zutaten von innen nach außen zu einem Teig kneten. Diesen etwa 5 Minuten gut kneten, bis er schön geschmeidig ist. In Folie wickeln und etwa 30 Minuten ruhen lassen.
2. Den Mangold waschen, in kochendem Wasser blanchieren und in Eis- wasser abschrecken. Die groben weißen Stiele her- ausschneiden und die Blätter auf einem Blech ausbreiten.
3. Die Karotte und den Sellerie waschen, schälen und grob raspeln. Den Lauch der Länge nach hal- bieren, gut waschen und in Scheiben schneiden.
4. Das Sonnenblumenöl in einem Topf erhitzen, die Karotte und den Selle- rie etwa 5 Minuten anbra- ten, dann den Lauch dazu- geben. Mit der Gemüse- brühe ablöschen und alles etwa 5 Minuten weiter garen.
5. Das Gemüse in eine Schüssel geben, die Hafer- flocken, den Käse, das Eiklar und die Gewürze damit verrühren.
6. Den Strudelteig auf einem bemehlten Tuch so dünn wie möglich zu einem Rechteck ausrollen. Anschließend mit den Händen unter den Teig gehen und diesen mit den Handrücken von der Mitte aus dünn ausziehen.
7. Das Eiklar mit der Kaf- feesahne verquirlen, den Teig mit einem Teil davon bestreichen und mit Man- goldblättern belegen. Die

Gemüse-Käse-Mischung darauf verteilen und den Teig mit Hilfe des Tuches einrollen.
8. Den Strudel auf ein gefettetes Backblech legen, mit der restlichen Eiklar-Sahne-Mischung bestreichen und mit einer Rouladennadel einige Löcher in den Strudelteig stechen. Diesen 35 bis 40 Minuten backen.
9. Inzwischen die Toma- ten waschen, die grünen Stengelansätze entfernen, in kochendes Wasser geben und anschließend in Eiswasser kurz abschrecken. Die Haut abziehen und die Toma- ten vierteln.
10. Die Zwiebel schälen, in Würfel schneiden, die Knoblauchzehe schälen, zerdrücken und beides in Olivenöl leicht anbraten. Die Tomatenviertel, den Thymian, wenig Meersalz und Pfeffer dazugeben und etwa 10 Minuten leicht köcheln lassen.
11. Den Thymianzweig entfernen und das frisch geschnittene Basilikum dazugeben. Den Strudel nach dem Backen etwa 10 Minuten ruhen lassen, damit sich das Aroma ent- faltet. Die Tomatencoulis extra dazu servieren. Dazu paßt Kopfsalat „Mimosa" (siehe Rezept Seite 145).

---

1 Portion Strudel
305 kcal • 1277 kJ • 7 g F •
5 mg Chol • 51 g KH •
11 g E

---

1 Portion Coulis
40 kcal • 167 kJ • 2 g F •
0 mg Chol • 4 g KH • 1 g E

Variation
Sie können den Strudel- teig auch aus Vollkorn- mehl zubereiten. Nehmen Sie dazu 250 g feines Wei- zen-, besser Dinkelvoll- kornmehl, 3 Eßlöffel kalt gepreßtes Olivenöl, 8 bis 10 Eßlöffel Wasser oder etwas mehr und wenig Meersalz. Die Zubereitung erfolgt wie im Rezept beschrieben.
Sie können den Strudel natürlich auch süß als
Vollkornapfelstrudel variieren. Bereiten Sie den Vollkornteig wie oben beschrieben zu und lassen ihn ruhen.
Die Füllung besteht aus 2 getrockneten und fein gewürfelten Feigen, je 1 Teelöffel Rosinen und Korinthen, 250 Gramm säuerlichen, in dünne Scheiben geschnittenen Äpfeln, die zusammen in 1 Eßlöffel Diätmargarine angeschwitzt werden. Man gibt dann je 1 Eßlöf- fel gehackte Haselnüsse und Kokosflocken, je eine Messerspitze Zimt und Ingwerpulver und 2 Eßlöf- fel Fruchtzucker dazu und läßt alles leicht abkühlen. Rollen Sie den Teig aus, bestreichen ihn, wie im Rezept beschrieben, mit Eigelb und Kaffeesahne, geben die Füllung darauf und rollen den Strudel auf. Stechen Sie zuletzt die Oberfläche ein und backen Sie den Strudel etwa 35 Minuten bei 180° C

---

1 Portion Strudel
326 kcal • 1363 kJ • 7 g F •
1 mg Chol • 59 g KH • 6 g E

Zucchini-Schinken-Torte

Zubereitungszeit:
ca. 40 Min.
Vorheizen des Backofens
auf 180° C
Backzeit: ca. 50 Min.

Für 12 Personen

Teig:
1 Rezept Mürbeteig (siehe
Rezept „Spinat-Linsen-
Torte")

Belag:
100 g Zwiebeln
100 g gekochter Schinken
400 g kleine Zucchini
1 EL Olivenöl (15 g)
wenig Meersalz
frisch gemahlener
schwarzer Pfeffer
½ Bund Basilikum
300 g Eiklar
150 g fettarme Milch
1 Prise Paprikapulver

1. Den Mürbeteig wie
beschrieben zubereiten
und abgedeckt etwa
30 Minuten kalt stellen.
2. Inzwischen die Zwiebeln schälen und wie den
Schinken in Würfel
schneiden. Die Zucchini
waschen, längs vierteln
und fein schneiden.
3. Das Olivenöl in einer
Pfanne erhitzen, die Zwiebel darin glasig braten, die
Schinkenwürfel dazuge-
ben und leicht bräunen.
Die Zucchinischeiben
dazugeben und alles mit
wenig Meersalz und Pfef-
fer würzen.
4. Den Teig ausrollen,
eine gefettete Springform
(28 cm Ø) damit auslegen
und einen etwa 3 Zenti-
meter breiten Rand hoch-
drücken. Den Teigboden
mehrmals mit einer Gabel
einstechen und etwa
10 Minuten vorbacken.

5. Die Gemüse-Schinken-
Mischung mit gehacktem
Basilikum abrunden und
auf den vorgebackenen
Teig geben.
6. Die Eiklare mit der
Milch verquirlen, mit
einer Prise Paprikapulver
würzen und über den
Belag gießen, so daß die-
ser gut bedeckt ist. Die
Torte 35 bis 40 Minuten
backen. In 12 Stücke
schneiden.
Dazu passen Tomaten
provenzalische Art
(siehe Rezept Seite 136).

245 kcal • 1025 kJ • 14 g F •
6 mg Chol • 22 g KH •
9 g E

Spinat-Linsen-Torte

Zubereitungszeit:
ca. 40 Min.
Vorheizen des Backofens
auf 180° C
Backzeit: ca. 40 Min.

Für 12 Personen

Teig:

300 g Weizenmehl Type 405
1 TL Backpulver
1 Eiklar (35 g)
3 EL lauwarmes Wasser
150 g Diätmargarine
geriebene Muskatnuß
wenig Meersalz
1 Prise Kardamom
1 EL Diätmargarine für die Form (10 g)

Belag:

200 g Zwiebeln
1 EL Olivenöl (10 g)
250 g rote Linsen
400 g frischer Blattspinat
1 Knoblauchzehe
wenig Meersalz
300 g Eiklar
150 ml fettarme Milch
1 Prise Kurkuma
2 EL Sesam (30 g)

1. Das Mehl auf eine Arbeitsfläche sieben und mit dem Backpulver mischen. In die Mitte eine Mulde drücken und das Eiklar, das Wasser, die Margarine und die Gewürze hineingeben.
2. Alle Zutaten von außen nach innen zu einem geschmeidigen Mürbeteig kneten. Diesen in Folie wickeln und etwa 30 Minuten kalt stellen.

3. In der Zwischenzeit die Zwiebeln schälen und in Würfel schneiden. Das Öl in einem Topf erhitzen, die Zwiebelwürfel darin goldgelb anbraten, die Linsen waschen, dazugeben und kurz mitbraten.
4. Den Spinat putzen, von Stielen befreien, die Blätter waschen und in kochendem Wasser kurz blanchieren. Dann fein schneiden und zu den Linsen geben. Den Knoblauch durch eine Presse dazudrücken, alles mischen und mit wenig Meersalz abschmecken.
5. Den Teig ausrollen, eine gefettete Springform (28 cm Ø) damit auslegen und einen etwa 3 Zentimeter breiten Rand hochdrücken. Den Teigboden mehrmals mit einer Gabel einstechen und etwa 10 Minuten vorbacken.

6. Die Spinat-Linsen-Masse auf dem Teig verteilen. Die Eiklare mit der Milch verquirlen, mit einer Prise Kurkuma würzen und auf den Belag gießen, so daß er gut bedeckt ist.
7. Die Spinat-Linsen-Torte etwa 30 Minuten backen. Etwa 10 Minuten vor Ende der Backzeit den Sesam darüberstreuen und die Torte fertig backen. In 12 Stücke schneiden. Dazu paßt Kopfsalat „Mimosa" (siehe Rezept Seite 145).

311 kcal • 1299 kJ • 14 g F •
2 mg Chol • 34 g KH •
13 g E

HAUPTGERICHTE MIT FLEISCH, GEFLÜGEL UND FISCH

Unsere Empfehlung lautet: Essen Sie nur ein- bis zweimal pro Woche eine Fleischmahlzeit und mindestens einmal Fisch. Da Fleisch im Durchschnitt etwa 80 Milligramm Cholesterin pro 100 Gramm enthält, können Sie durch eine Einschränkung des Fleischverzehrs Ihre Cholesterinzufuhr entscheidend reduzieren. Wollen Sie ein Gericht mit Fleisch zubereiten, wählen Sie magere Sorten von Rind, Kalb, Lamm, Huhn oder Pute, und rechnen Sie etwa 150 Gramm pro Portion; bei einer Reduktionskost nur etwa 100 Gramm. Durch Füllungen und Kräuter können Sie die wenigen Fleischmahlzeiten besonders attraktiv gestalten, viele Ideen dazu finden Sie in diesem Kapitel. Fisch enthält in der Regel weniger Fett als eine vergleichbare Menge Fleisch, Ausnahmen sind die Fettfische wie Aal, Makrele, Hering, Lachs und andere. Wildlachs und Makrele enthalten aber eine wertvolle Fettsäure, die möglicherweise erhöhte Blutfettwerte positiv beeinflussen kann. Verzichten Sie daher nicht vollständig auf diese Fischsorten, berücksichtigen Sie aber den etwas höheren Kaloriengehalt, und bevorzugen Sie entsprechend fettarme Zubereitungsmethoden.

Rouladen mit Tofu und Wirsing

Zubereitungszeit:
ca. 1 ½ Std.

Für 4 Personen

150 g Tofu
1 EL Sojasauce (10 g)
4 Rinderrouladen (500 g)
frisch gemahlener
weißer Pfeffer
1 EL Kräutersenf (10 g)
¼ Kopf Wirsing (250 g)
1 Karotte (100 g)
8 Brechbohnen (80 g)
wenig Meersalz
1 Prise Kümmelpulver
1 EL Sonnenblumenöl
40 g Karotten-, Sellerie-,
Lauch- und Zwiebelwürfel
2 EL Tomatenmark (30 g)
1 Tomate (70 g)
½ l Gemüsebrühe
(siehe Rezept Seite 55)
2 Zweige Thymian

1. Den Tofu abtropfen lassen und in 8 gleich große Streifen schneiden. Diese in Sojasauce einlegen.

2. Inzwischen die Rouladen mit Pfeffer bestreuen und mit Kräutersenf bestreichen.

3. Den Wirsing putzen, waschen, in kochendem Wasser blanchieren und kurz kalt abschrecken. Die breiten Blattstiele abschneiden. Die Karotte schälen, längs in 8 Streifen schneiden und diese ebenfalls blanchieren. Die Bohnen putzen, die Fäden abziehen und die Bohnen kurz dünsten.

4. Die Wirsingblätter ausbreiten, mit wenig Meersalz und Kümmel würzen, abwechselnd je zwei Tofu- und Karottenstreifen und je zwei Bohnen darauflegen und diese einrollen.

5. Jede Wirsingrolle in eine Roulade einwickeln und mit einem Zahnstocher zusammenstecken.

6. Das Sonnenblumenöl in einem Bräter erhitzen, die Rouladen von allen Seiten darin anbraten, herausnehmen und den Bratensatz mit wenig Wasser ablöschen.

7. Die Gemüsewürfel zum Bratensatz geben und mit anbraten. Die Tomate würfeln und mit dem Tomatenmark dazugeben. Zwei- bis dreimal mit wenig Gemüsebrühe ablöschen und immer wieder einkochen lassen.

8. Den Rest der Gemüsebrühe angießen, aufkochen lassen und die Rouladen einsetzen. Dann etwa 40 Minuten köcheln lassen.

9. Die Rouladen herausnehmen, die Zahnstocher entfernen und die Rouladen warm stellen. Die Sauce durch ein Sieb in einen Topf passieren, aufkochen lassen und eventuell nochmals leicht abschmecken.

10. Kurz vor dem Servieren den gehackten Thymian unterrühren. Die Sauce auf vorgewärmte Teller geben, die Roulade aufschneiden und darauf legen.

Dazu passen ein Kartoffelgratin mit roten Linsen (siehe Rezept Seite 116) und ein Kopfsalat „Mimosa" (siehe Rezept Seite 145).

290 kcal • 1217 kJ • 14 g F • 150 mg Chol • 8 g KH • 32 g E

Rindersteak Esterhazy

Zubereitungszeit:
ca. 30 Min.
Vorheizen des Backofens
auf 200°C
Garzeit im Ofen:
ca. 1 ½ Std.

Für 4 Personen

4 Rindersteaks aus der Keule (500 g)
1 Zweig Thymian
1 Zweig Majoran
2 Knoblauchzehen
frisch gemahlener schwarzer Pfeffer
1 EL Olivenöl (10 g)
2 Karotten (100 g)
¼ Sellerieknolle (100 g)
1 Stange Lauch (100 g)
1 Tomate (70 g)
2 EL Tomatenmark (30 g)
½ l Gemüsebrühe (siehe Rezept Seite 55)
wenig Meersalz
1 Bund Petersilie

1. Die Steaks in Folie wikkeln, leicht flachklopfen und auf ein Blech legen.
2. Den Thymian- und den Majoranzweig waschen, die Blättchen abzupfen und fein schneiden. Die Stiele für die Sauce aufheben.
3. Die Knoblauchzehen schälen, durch eine Presse drücken und mit Pfeffer, den Kräutern und 1 Teelöffel Olivenöl zu einer Paste verarbeiten. Die Steaks von beiden Seiten damit einreiben und kühl stellen.
4. Die Karotten und den Sellerie waschen, schälen und in Streifen schneiden. Den Lauch putzen, halbieren, waschen und in Streifen schneiden.
5. Die Gemüseabfälle würfeln. Die Tomate waschen, den grünen Stengelansatz herausschneiden, die Tomate vierteln und dazugeben.

6. Das restliche Öl (1 TL) in einer Pfanne erhitzen und die Rindersteaks vorsichtig darin anbraten, die Kräuter dürfen nicht verbrennen. Dann herausnehmen. Den Bratensatz mit einem Schuß Wasser ablöschen, die Gemüseabfälle, die Tomatenviertel und die Kräuterstengel dazugeben und anbraten. Das Tomatenmark hinzufügen und zwei- bis dreimal wenig Gemüsebrühe angießen und jeweils fast ganz einkochen lassen.
7. Die restliche Brühe angießen, das Ganze in eine flache feuerfeste Form geben, die Steaks hineinlegen und im Ofen etwa 90 Minuten schmoren lassen.
8. Die Steaks herausnehmen und warm stellen. Die Sauce mit Pfeffer und wenig Meersalz abschmekken und durch ein Sieb in einen Topf passieren.
9. Die Karotten- und Selleriestreifen hineingeben und etwa 5 Minuten köcheln lassen, dann die Lauchstreifen weitere 5 Minuten mitköcheln lassen. Das Gemüse sollte noch bißfest sein.
10. Die Steaks dazulegen und kurz ziehen lassen. Die Steaks auf vorgewärmte Teller legen, die Gemüsesauce darübergeben und mit gehackter Petersilie bestreuen. Dazu passen Tomatennudeln (siehe Rezept Seite 122) und Brokkoli-Romanesco-Gemüse (siehe Rezept Seite 130).

256 kcal • 1073 kJ • 12 g F • 150 mg Chol • 8 g KH • 29 g E •

Rumpsteak à la Strindberg

Zubereitungszeit:
ca. 20 Min.

Für 4 Personen

4 Zwiebeln (200 g)
3 TL Sonnenblumenöl (15 g)
1 EL Schnittlauch in Röllchen (8 g)
2 EL Senf (30 g)
4 Rumpsteaks (600 g)
wenig Meersalz
frisch gemahlener schwarzer Pfeffer
2 EL Weizenmehl Type 405 (20 g)
4 Zweige Majoran

1. Die Zwiebeln schälen und in kleine Würfel schneiden. 1 Teelöffel Öl in einem Topf erhitzen, die Zwiebelwürfel darin glasig braten und abkühlen lassen.
2. Den Schnittlauch und den Senf dazugeben und alles zu einer sämigen Masse verrühren.
3. Die Rumpsteaks von Fetträndern befreien, mit wenig Meersalz und Pfeffer würzen. Die eine Seite der Steaks mit einem scharfen Messer kreuzweise einritzen.
4. Die Zwiebel-Senf-Masse auf die eingeritzte Seite der Steaks streichen und gut andrücken. Kurz vor dem Braten das Weizenmehl darüberstäuben und die Masse nochmals andrücken.
5. Das restliche Öl (2 TL) in einer Pfanne erhitzen. Die Rumpsteaks mit der mit Zwiebelmasse bestrichenen Seite nach unten hineinlegen und goldgelb braten.
6. Nun die Steaks mit einem Pfannenwender oder einer Palette vorsichtig wenden, die Temperatur etwas herunterschalten und die Steaks je nach Geschmack 2 bis 5 Minuten rosa oder das Fleisch vollständig durchbraten.
7. Die Steaks aus der Pfanne nehmen und abgedeckt einige Minuten ruhen lassen. Auf vorgewärmtem Teller anrichten und mit Majoranblättchen garnieren.
Dazu passen Erbsen französische Art (siehe Rezept Seite 130) und Champignonkartoffeln (siehe Rezept Seite 124).

338 kcal • 1414 kJ • 20 g F • 180 mg Chol • 7 g KH • 33 g E

Tip
Ein Steak sollte nach dem Braten immer wenige Minuten ruhen, damit sich der Fleischsaft innen gut verteilen kann.

Ossobuco

Zubereitungszeit:
ca. 40 Min.
Vorheizen des Backofens
auf 200° C
Garzeit im Ofen:
ca. 1 Std.

Für 4 Personen

4 dicke Scheiben Kalbs-
haxe (1,5 kg mit Knochen)
wenig Meersalz
schwarzer Pfeffer
4 Knoblauchzehen
2 Karotten (100 g)
¼ Sellerieknolle (100 g)
1 Stange Lauch (100 g)
2 Tomaten (130 g)
2 EL Olivenöl (20 g)
3 EL Tomatenmark (45 g)
je 1 Zweig Basilikum,
Thymian und Oregano
½ l Gemüsebrühe
(siehe Rezept Seite 55)
etwas geriebene Schale
einer unbehandelten
Zitrone
1 TL gehacktes Basilikum
1 TL gehackte Petersilie

1. Die Kalbshaxenscheiben mit wenig Meersalz
und frisch gemahlenem
Pfeffer einreiben. Die
Knoblauchzehen schälen,
durch eine Presse drücken
und die Haxenscheiben
damit bestreichen.
2. Die Karotte und den
Sellerie schälen und in
Rauten schneiden. Den
Lauch putzen, halbieren,
waschen und ebenso in
Rauten schneiden. Die
Gemüseabfälle für die
Sauce würfeln.
3. Die Tomaten waschen,
die grünen Stengelansätze
herausschneiden und die
Tomaten vierteln. Mit den
gewürfelten Gemüseresten
mischen.
4. Das Olivenöl in einem
für das Garen im Ofen
geeigneten Bräter erhit-
zen, die Kalbshaxenschei-
ben von beiden Seiten
anbraten und wieder her-
ausnehmen. Den Braten-
saft mit einem Schuß
Wasser ablöschen.

5. Die Karotten-, Sellerie-
und Lauchreste und die
Tomatenviertel in den
Bräter geben und anbra-
ten, das Tomatenmark
und die Kräuterzweige
dazugeben. Zwei- bis dreimal wenig Gemüsebrühe
angießen, jeweils einko-
chen lassen, dann die restliche Brühe angießen.
6. Das Ganze aufkochen
lassen, die Zitronenschale
und die Kalbshaxenschei-
ben hinzufügen und den
Bräter in den Ofen stellen.
Das Fleisch etwa 60 Minu-
ten schmoren lassen.
Dabei die Haxenscheiben
mehrmals wenden.
7. Die Haxenscheiben
herausnehmen und warm
stellen. Die Sauce even-
tuell nochmals abschmek-
ken und durch ein Sieb in
einen Topf passieren. Die
sämige Sauce aufkochen
lassen, die Gemüserauten
dazugeben und etwa
10 Minuten leicht köcheln
lassen.

8. Drei Viertel der gehackten Kräuter kurz vor dem
Servieren unterheben. Die
Kalbshaxenscheiben auf
vier vorgewärmten Tel-
lern anrichten, mit Sauce
überziehen und mit den
restlichen Kräutern
bestreuen.
Dazu passen römische
Nocken (siehe Rezept
Seite 120) und ein Salat-
trio in Karottenvinaigrette
(siehe Rezept Seite 142).

232 kcal • 972 kJ • 8 g F •
135 mg Chol • 6 g KH •
34 g E

Tip
Bestellen Sie die Kalbsha-
xen frühzeitig bei Ihrem
Metzger, er wird sie Ihnen
auch gern in Scheiben
schneiden.

Kalbsröllchen in Currycreme

Zubereitungszeit:
ca. 35 Min.
Vorheizen des Backofens
auf 180° C
Garzeit im Ofen:
ca. 35 Min.

Für 4 Personen

8 kleine Kalbsschnitzel
(à 70 g)
1 EL Kräutersenf (10 g)
frisch gemahlener
weißer Pfeffer
4 Salbeiblätter
4 Karotten (200 g)
2 Stangen Lauch (200 g)
wenig Meersalz
1 EL Sonnenblumenöl
(10 g)
1 EL Weizenmehl
Type 405 (20 g)
½ l Gemüsebrühe
(siehe Rezept Seite 55)
½ Apfel (50 g)
Currypulver
1 kleines Stück frischer
Ingwer
1 Kästchen Kresse

1. Die Kalbsschnitzel in
Folie wickeln und leicht
flachklopfen. Die Schnitzel mit Kräutersenf bestreichen und mit Pfeffer
würzen.
2. Die Salbeiblätter
waschen, trockentupfen
und fein schneiden.
Gleichmäßig auf die
Kalbsschnitzel verteilen.
3. Die Karotten schälen
und längs in 8 Streifen
schneiden. Diese in wenig
Wasser bißfest dünsten.
Den Lauch putzen, halbieren und gut waschen. In
Streifen schneiden, in
kochendem Wasser blanchieren und kurz kalt
abschrecken. Die Gemüseabfälle beiseite legen.

4. Die Karotten- und
Lauchstreifen auf die
Schnitzel verteilen und
diese zusammenrollen.
Mit Zahnstochern zusammenstecken und mit
wenig Meersalz würzen.
5. Das Sonnenblumenöl
in einem für das Garen im
Ofen geeigneten Bräter
leicht erhitzen. Die Kalbsröllchen mit etwas Mehl
bestäuben, von beiden
Seiten im Öl goldgelb
anbraten und anschließend herausnehmen.
6. Den Bratensatz mit
wenig Gemüsebrühe ablöschen und die Gemüsereste dazugeben. Den
Apfel vom Kerngehäuse
befreien, in Stücke schneiden und hinzufügen. Alles
dünsten, nach Belieben
mit Currypulver würzen
und die restliche Gemüsebrühe angießen.
7. Alles gut durchkochen
lassen. Die Kalbsröllchen
hinzufügen, den Bräter in
den Ofen stellen und alles
etwa 35 Minuten garen.
8. Die Kalbsröllchen herausnehmen und die Sauce
durch ein Sieb in einen
Topf passieren. Eventuell
nochmals abschmecken
und mit geriebenem Ingwer abrunden.
9. Die Sauce auf vier vorgewärmte Teller geben,
jeweils ein ganzes und ein
aufgeschnittenes Röllchen
darauflegen und mit
Kresse garnieren.
Dazu passen grüne
Nudeln und Tomatennudeln (siehe Rezepte
Seite 71 und 122) und ein
frischer Blattsalat.

222 kcal • 934 kJ • 6 g F •
126 mg Chol • 10 g KH •
32 g E

Marinierter Kalbsbraten

Zubereitungszeit:
ca. 30 Min.
Marinierzeit:
ca. 24 Std.
Vorheizen des Backofens
auf 200° C
Garzeit im Ofen:
ca. 2 ½ Std.

Für 8 Personen

800 g Kalbsnuß oder
Schulterfleisch
frisch gemahlener
weißer Pfeffer

Marinade:

1 Zwiebel (40 g)
1 Knoblauchzehe
2 Zweige Thymian
2 Zweige Salbei
½ unbehandelte Zitrone
1 Lorbeerblatt
1 TL kalt gepreßtes
Olivenöl (5 g)

außerdem:

wenig Meersalz
1 EL Olivenöl (10 g)
20 g Karotten-, Sellerie-
und Lauchwürfel
1 EL Tomatenmark (15 g)
400 ml Kalbsfond
(Fertigprodukt)
1 Bund Zitronenmelisse

1. Den Kalbsbraten mit
einem feuchten Tuch
abreiben und rundherum
mit Pfeffer einreiben.
2. Die Zwiebel und die
Knoblauchzehe schälen
und in Ringe beziehungsweise Scheiben schneiden. Die Kräuter waschen,
trockenschwenken und
die Blätter abzupfen. Die
Zitrone heiß abwaschen,
abtrocknen und die
Schale in etwa 3 Zentimeter breiten Streifen
abschneiden.
3. Alle Marinadenzutaten
mit dem Olivenöl
mischen und rund herum
auf das Fleisch verteilen.

Dieses in Folie einpacken
und etwa 24 Stunden in
den Kühlschrank stellen.
4. Das Fleisch von den
Gewürzen befreien und
die ausgetretene Flüssigkeit auffangen. Die
Gewürze aufbewahren.
Die Kalbsnuß mit wenig
Meersalz würzen.
5. Das Olivenöl in einem
für das Garen im Ofen
geeigneten Bräter erhitzen, das Fleisch darin
rundherum goldgelb
anbraten, die Karotten-,
die Sellerie- und die
Lauchwürfel dazugeben
und mit anrösten. Das
Tomatenmark hinzufügen
und den Fond angießen.
6. Die Flüssigkeit aufkochen lassen, die Marinadengewürze dazugeben
und den Bräter in den
Backofen schieben. Das
Fleisch 2 bis 2 ½ Stunden
schmoren lassen.
7. Das Fleisch dabei ab
und an mit der Schmorflüssigkeit begießen,
damit das Aroma gut einzieht.
8. Den Braten herausnehmen, in Folie packen und
etwa 10 Minuten ruhen
lassen. Inzwischen die
Sauce entfetten und etwas
einkochen lassen. Durch
ein Haarsieb passieren
und mit fein geschnittener
Melisse abrunden.
9. Den Braten in acht
Scheiben schneiden, auf
vorgewärmte Teller legen
und mit der Sauce überziehen.
Dazu passen Nudeln
(siehe Rezept Seite 122)
und ein Ratatouille (siehe
Rezept Seite 128).

151 kcal • 635 kJ • 6 g F •
90 mg Chol • 3 g KH •
22 g E

Gefüllter Schweinerücken

Zubereitungszeit:
ca. 50 Min.
Vorheizen des Backofens
auf 200° C
Garzeit im Ofen:
ca. 40 Min.
Gefrierzeit: ca. 2 Std.

Für 4 Personen

120 g Tofu am Stück
450 g Schweinerücken
ohne Knochen
½ Zweig Majoran
½ Zweig Thymian
1 Prise Kümmelpulver
frisch gemahlener
weißer Pfeffer
½ TL Sonnenblumenöl
(2 g)
300 g Schweineknochen
1 TL Sonnenblumenöl
(5 g)
20 g Karotten-, Sellerie-
und Zwiebelwürfel
1 TL Tomatenmark (10 g)
¼ l Wasser
1 gemischtes Kräuter-
sträußchen (Petersilie,
Thymian, Majoran)
150 g Mangold
wenig Meersalz
1 TL Sonnenblumenöl
(5 g)

1. Den Tofu in 1 ½ Zentimeter breite Streifen
schneiden und im Tief-
kühlfach etwa 2 Stunden
anfrieren.
2. Den Schweinerücken
von Sehnen und Fett
befreien. In der Mitte des
Fleisches mit einem scharfen Messer längs etwa
3 Zentimeter tief ein-
schneiden und den Ein-
schnitt mit einem Koch-
löffelstiel rund drücken.

3. Den Majoran- und den
Thymianzweig waschen,
die Blätter abzupfen, fein
schneiden und mit Küm-
mel, Pfeffer und Öl zu
einer Paste verrühren. Das
Fleisch damit innen und
außen gut einreiben und
etwa 30 Minuten kalt
stellen.
4. Die Schweineknochen
walnußgroß hacken oder
vom Metzger so vorberei-
ten lassen. Das Öl in
einem Topf erhitzen, die
Knochen darin anbraten
und die Gemüsewürfel
und das Tomatenmark
dazugeben.
5. Das Ganze zwei- bis
dreimal mit wenig Wasser
ablöschen, jeweils leicht
einkochen lassen, dann
das restliche Wasser angießen. Das Kräutersträuß-
chen dazugeben und alles
etwa 1 Stunde leicht
köcheln lassen.
6. Inzwischen den Mangold putzen, waschen und
die großen Stiele heraus-
schneiden. Die Blätter in
kochendem Wasser blan-
chieren und kurz kalt
abschrecken. Die Man-
goldblätter auf einem
Gitter auslegen und
abtropfen lassen.
7. Die gefrorenen Tofu-
streifen einzeln in Man-
goldblätter einpacken. Die
Röllchen in den Ein-
schnitt des Schweine-
rückens legen und die
Fleischränder mit Roula-
dennadeln oder Zahn-
stochern zusammen-
stecken.

8. Das Fleisch mit wenig
Meersalz würzen. Das Öl
in einem für das Garen im
Ofen geeigneten Bräter
erhitzen, das Fleisch darin
rundherum anbraten und
den Bräter bei 200 Grad
Celsius in den Ofen
stellen.
9. Die Temperatur auf
180 Grad herunterschalten
und das Fleisch etwa
40 Minuten unter öfterem
Wenden garen. Den Bra-
ten herausnehmen und
abgedeckt etwa 10 Minu-
ten ruhen lassen.
10. Die Sauce mit dem
Bratensatz mischen, etwas
einkochen lassen, even-
tuell nachwürzen und
durch ein Sieb passieren.
11. Die Sauce auf vier vorgewärmte Teller geben
und jeweils eine Scheibe
des Schweinerückens
darauflegen.
Dazu passen Kartoffel-
schiffchen (siehe Rezept
Seite 125) und Paprika-
gemüse mit Safran (siehe
Rezept Seite 132).

292 kcal • 1222 kJ • 19 g F •
84 mg Chol • 4 g KH •
26 g E

Gefüllter Lammrücken

Zubereitungszeit:
ca. 50 Min.
Vorheizen des Backofens
auf 180° C
Garzeit im Ofen:
ca. 35 Min.

Für 4 Personen

500 g Lammrücken
ohne Knochen
1 TL Sonnenblumenöl
(5 g)
1 Knoblauchzehe
Currypulver
je 1 Zweig Thymian
und Rosmarin
20 g Karotten-, Sellerie-
und Zwiebelwürfel
1 TL Sonnenblumenöl
(5 g)
1 TL Tomatenmark (10 g)
400 ml Kalbsfond
(Fertigprodukt)
1 gemischtes Kräuter-
sträußchen (Petersilie,
Thymian, Rosmarin)
2 EL Hirse (20 g)
40 ml Wasser

¼ oder ½ Schweinenetz
(beim Metzger bestellen)
2 Trockenpflaumen (20 g)
30 g Karotten- und
Lauchwürfel
50 g Kalbsschulter
1 EL Kaffeesahne 4 % Fett
(15 g)
wenig Meersalz
Pastetengewürz
100 g Blattspinat

1. Den Lammrücken der
Länge nach einschneiden
und die beiden noch
zusammenhängenden
Stücke flachklopfen.
2. Das Sonnenblumenöl
mit zerdrücktem Knob-
lauch, Curry, Thymian-
und Rosmarinblättchen
verrühren und das Fleisch
innen damit bestreichen.
3. Die Gemüsewürfel in
einem Topf in dem Öl
leicht anbraten, das Tomatenmark hinzufügen und
alles mit dem Fond ablö-
schen. Das Kräutersträuß-
chen waschen, dazugeben
und alles etwa 30 Minuten
köcheln lassen.

4. Inzwischen die Hirse
gut waschen, mit dem
Wasser in einen Topf
geben und etwa 10 Minu-
ten köcheln lassen. Dann
am Herdrand weitere
20 Minuten nachquellen
und auskühlen lassen.
5. Das Schweinenetz in
warmes Wasser legen. Die
Trockenpflaumen würfeln
und mit den Lauch- und
Karottenwürfeln mischen.
6. Das Kalbfleisch ebenfalls in Würfel schneiden,
in einem Mixer pürieren
und mit der Kaffeesahne,
wenig Meersalz und Paste-
tengewürz verrühren. Die
Farce kalt stellen.
7. Den Blattspinat putzen,
von Stielen befreien, die
Blätter waschen und in
kochendem Wasser blan-
chieren. Kurz kalt
abschrecken.
8. Das Schweinenetz auf
einer Arbeitsfläche aus-
breiten, den Lammrücken
darauflegen und dessen
Innenseite mit den Spinat-
blättern auslegen.

9. Die Backpflaumen-,
Karotten- und Lauchwür-
fel sowie die Hirse unter
die Kalbfleischfarce rüh-
ren, die Masse in einen
Spritzbeutel mit großer
Lochtülle geben und den
Lammrücken damit füllen.
10. Das Fleisch zusammenklappen und in das
Schweinenetz einpacken.
Mit Haushaltsgarn zu einer
Rolle binden.
11. Die Rolle mit wenig
Meersalz und Pfeffer wür-
zen. Einen für das Garen
im Ofen geeigneten Bräter
erhitzen, die Lammrolle
darin anbraten, dabei tritt
das Fett vom Schweine-
netz aus, und im Ofen
etwa 35 Minuten garen.
Die Rolle anschließend in
Alufolie wickeln und etwa
10 Minuten ruhen lassen.
12. Den Bratensatz gut entfetten und mit der vor-
gekochten Brühe ablö-
schen. Durch ein Sieb passieren. Den Lammrücken
in zwölf bis sechzehn
Scheiben schneiden.

13. Die Sauce auf vier vorgewärmte Teller geben, drei bis vier Scheiben Lammrücken darauflegen und mit einem Kräuterzweig garnieren.
Dazu passen weiße und gelbe Rübchen (siehe Rezept Seite 133) und Kartoffelschiffchen (siehe Rezept Seite 125). Das Gericht ist auf dem Buchtitel abgebildet.

592 kcal • 2474 kJ • 52 g F • 97 mg Chol • 8 g KH • 23 g E

Lammkeule mit Rosmarin

Zubereitungszeit: ca. 50 Min.
Marinierzeit: ca. 24 Std.
Vorheizen des Backofens auf 220°C
Garzeit im Ofen: ca. 40 Min.

Für 4 Personen

1 kleine Lammkeule (ca. 1,2 kg mit Knochen)
4 Knoblauchzehen
1 Zweig Thymian
2 Zweige Rosmarin
1 Lorbeerblatt
grob gemahlener weißer und schwarzer Pfeffer
3 TL Olivenöl (15 g)
wenig Meersalz
20 g Karotten-, Sellerie- und Zwiebelwürfel
1 TL Tomatenmark (10 g)
400 ml Kalbsfond (Fertigprodukt)
1 gemischtes Kräutersträußchen (Petersilie, Thymian, Rosmarin)

1. Die Lammkeule mit einem feuchten Tuch abreiben, anschließend mit einem Küchenkrepp trockentupfen.
2. Die Knoblauchzehen schälen und fein schneiden. Den Thymian- und einen Rosmarinzweig waschen und etwas zerkleinern.

3. Den Knoblauch mit den Kräutern, dem Lorbeerblatt, Pfeffer und 1 Teelöffel Olivenöl zu einer Paste verrühren. Die Lammkeule damit rundherum einreiben, in Alufolie wickeln und etwa 24 Stunden ziehen lassen.
4. Etwa 3 Stunden vor der Zubereitung die Folie öffnen, damit das Fleisch sich auf Zimmertemperatur erwärmen kann.
5. 1 Teelöffel Olivenöl in einem Topf erhitzen und die Gemüsewürfel und das Tomatenmark darin leicht anbraten. Mit dem Fond ablöschen. Das Kräutersträußchen dazugeben und alles etwa 30 Minuten köcheln lassen.
6. Inzwischen die Lammkeule aus der Folie nehmen und mit wenig Meersalz würzen. Das restliche Öl (1 TL) in einem für das Garen im Ofen geeigneten Bräter erhitzen, die Lammkeule vorsichtig von allen

Seiten darin anbraten, die Kräuter dürfen nicht verbrennen. Den Bräter in den Ofen stellen und das Fleisch 35 bis 40 Minuten garen, die Keule dabei öfter drehen. Sie sollte innen rosa bleiben.
7. Die Keule in Alufolie einwickeln und etwa 15 Minuten ruhen lassen.
8. Den Bratfond entfetten, die vorbereitete Saucenflüssigkeit dazugeben und alles gut durchkochen lassen. Die Sauce durch ein Sieb passieren und die restlichen Blättchen Rosmarin dazugeben.
9. Die Sauce auf vier vorgewärmte Teller geben und Scheiben der Lammkeule darauf anrichten. Dazu passen Ratatouille (siehe Rezept Seite 128) und Kartoffelplätzchen (siehe Rezept Seite 128).

441 kcal • 1841 kJ • 41 g F • 84 mg Chol • 1 g KH • 18 g E

Hasenrücken-geschnetzeltes

Zubereitungszeit:
ca. 70 Min.

Für 4 Personen

2 Hasenrücken
mit Knochen
je 1 Zweig Rosmarin
und Thymian
2 Wacholderbeeren
1 Lorbeerblatt
abgeschälte Schale von
¼ unbehandelter Zitrone
und ¼ Orange
1 TL Sonnenblumenöl
(5 g)
20 g Karotten-, Sellerie-,
Lauch- und Petersilien-
wurzelwürfel
1 TL Tomatenmark (5 g)
½ l Wasser oder
Wildfond (Fertigprodukt)
80 g Steinpilz-
champignons
80 g Stockschwämmchen
½ Zucchino (100 g)
1 TL Sonnenblumenöl
(5 g)
wenig Meersalz
frisch gemahlener
weißer Pfeffer
2 EL Kaffeesahne 4 % Fett
(30 g)
Saft von ¼ Zitrone
1 EL gehackte Wildkräuter
(Löwenzahn, Brennessel)
1 Tomate (70 g)

1. Das Fleisch im ganzen
von den Knochen ablösen
und in Blättchen schnei-
den. Die Knochen wal-
nußgroß hacken.
2. Die Kräuterzweige
waschen, die Blättchen
abzupfen und fein schnei-
den und mit den Wachol-
derbeeren, dem Lorbeer-
blatt und der Zitronen-
und Orangenschale
mischen.
3. Die Gewürze mit dem
Hasenrückengeschnetzel-
ten mischen und das
gewürzte Fleisch kurze
Zeit kalt stellen.

4. Das Öl in einem Topf
erhitzen und die Hasen-
knochen darin anbraten.
Die Gemüsewürfel dazu-
geben, mit anbraten, das
Tomatenmark hinzufügen
und das Wasser angießen.
Alles 1 Stunde köcheln lassen. Soll die Zubereitung
rascher gehen, braten Sie
nur die Gemüsewürfel
und das Tomatenmark an,
füllen mit Wildfond auf
und lassen alles etwa
30 Minuten köcheln.
5. Die Pilze putzen,
waschen und vierteln, die
Stockschwämmchen ganz
lassen. Den Zucchino
waschen, längs halbieren,
die Kerne mit einem Löf-
fel herauskratzen und das
Fruchtfleisch in halb-
mondförmige Scheiben
schneiden.
6. Aus dem Fleisch das
Lorbeerblatt, die Wachol-
derbeeren und die Zitrus-
fruchtschalen herausneh-
men. Das Öl in einer
Pfanne erhitzen, das
Geschnetzelte rundherum
darin anbraten und mit
wenig Meersalz und Pfef-
fer würzen. Das Fleisch
herausnehmen und warm
stellen.
7. Die Wildbrühe durch
ein Sieb passieren. Die
Pilze und Zucchinohalb-
monde im Bratensatz
anbraten, mit etwas Wild-
brühe auffüllen und etwa
5 Minuten köcheln lassen.
8. Nun die Kaffeesahne
und den Zitronensaft
dazugeben, danach nicht
mehr kochen lassen. Das
Geschnetzelte mit der
Sauce mischen und einen
Teil der Wildkräuter dazugeben. Den Rest für die
Garnitur beiseite legen.
9. Das Hasenrückenge-
schnetzelte auf vier vor-
gewärmte Teller geben
und mit Tomatenstreifen
und den restlichen Wild-
kräutern garnieren.

Dazu passen Vollkorn-
Kräuter-Spätzle (siehe
Rezept Seite 122) und ein
frischer Blattsalat.

194 kcal • 815 kJ • 7 g F •
82 mg Chol • 4 g KH •
30 g E

Hühnersuppen-topf

Zubereitungszeit:
ca. 1 ½ Std.

Für 4 Personen

1 Suppenhuhn
(1,5 – 1,8 kg)
wenig Meersalz
4 schwarze Pfefferkörner
1 Lorbeerblatt
1 Bund gemischte Kräuter
(Petersilie, Thymian,
Liebstöckel)
40 g Karotten-, Lauch-
und Selleriewürfel
8 getrocknete Shiitake-
Pilze
¼ l Wasser
60 g Glasnudeln
2 Karotten (200 g)
1 Stange Lauch (100 g)
½ Stange Bleichsellerie
(100 g)
frisch gemahlener
weißer Pfeffer
geriebene Muskatnuß
1 EL gehackte Zitronen-
melisse
1 EL gehackte Petersilie

1. Das Suppenhuhn
waschen, in etwa 2 Liter
kochendes Wasser geben
und mit wenig Meersalz
würzen. Die Pfefferkörner,
das Lorbeerblatt, die Kräuter und die Gemüsewürfel
dazugeben und alles etwa
1 Stunde köcheln lassen.
2. Die Shiitake-Pilze etwa
30 Minuten in ⅛ Liter lauwarmem Wasser einwei-
chen. Die Glasnudeln
ebenfalls in ⅛ Liter Was-

ser etwa 10 Minuten ein-
weichen. Dann die
Nudeln kochen und
abkühlen lassen.
3. Die Karotten und den
Lauch putzen, waschen
und in Rauten schneiden.
Den Bleichsellerie putzen,
die harten Fasern abzie-
hen und in Scheiben
schneiden. Die einge-
weichten Pilze von
großen Stielen befreien,
die Pilze vierteln.
4. Das Suppenhuhn herausnehmen, mit kaltem
Wasser abspülen, die Haut
entfernen und das Fleisch
von den Knochen lösen.
Das Fleisch würfeln.
5. Die Hühnerbrühe entfetten, durch ein Sieb in
einen Topf passieren und
etwas einkochen lassen.
Die Karotten-, Lauch- und
Selleriestücke hineinge-
ben und etwa 10 Minuten
köcheln lassen.
6. Die Shiitake-Pilze, die
Glasnudeln und die
Fleischwürfel dazugeben
und alles etwa 5 Minuten
ziehen lassen.
7. Mit wenig Meersalz,
Pfeffer und Muskatnuß
abschmecken und kurz
vor dem Servieren die
gehackten Kräuter dazu-
geben.

Dazu passen Kräuter-Rog-
gen-Brot (siehe Rezept
Seite 19) oder Frühstücksbrötchen mit Haferflocken
(siehe Rezept Seite 18).

273 kcal • 1142 kJ • 8 g F •
101 mg Chol • 20 g KH •
31 g E

Putenbrust mit Lachsfüllung

Zubereitungszeit:
ca. 50 Min.
Vorheizen des Backofens
auf 200° C
Garzeit im Ofen:
ca. 40 Min.

Für 4 Personen

200 g Blattspinat
½ Schweinenetz (beim Metzger vorbestellen)
150 g frisches Lachsfilet
wenig Meersalz
frisch gemahlener weißer Pfeffer
1 Zweig Estragon
500 g Putenbrust ohne Haut
1 TL Sonnenblumenöl (5 g)
½ l Gemüsebrühe (siehe Rezept Seite 55) oder Hühnerfond (Fertigprodukt)
8 Safranfäden
2 EL Diätmargarine (20 g)
2 EL Weizenmehl Type 405 (25 g)
2 EL Kaffeesahne 4 % Fett (30 g)
2 EL gehackter und 4 Zweige Kerbel

1. Den Blattspinat von Stielen befreien, waschen und die Blätter in kochendem Wasser blanchieren. Kurz kalt abschrecken und abtropfen lassen. Das Schweinenetz in lauwarmes Wasser legen.

2. Das Lachsfilet leicht flachklopfen, anschließend mit wenig Meersalz und Pfeffer würzen und mit den Estragonblättern belegen. Das Filet in Spinatblätter einwickeln.

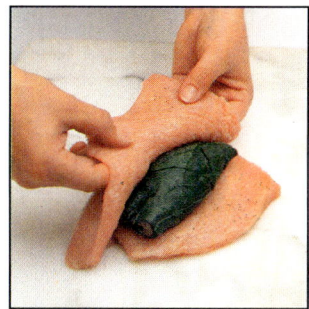

3. Die Putenbrust der Länge nach aufschneiden und leicht flachklopfen. Den eingewickelten Lachs hineinlegen und die Putenbrust wieder zusammenklappen.

4. Das Schweinenetz auf einer Arbeitsfläche ausbreiten, die Putenbrust darauflegen und in das Netz wickeln. Das Ganze mit Garn zu einer Rolle binden.

5. Die Rolle mit wenig Meersalz und Pfeffer würzen. Einen für das Garen im Ofen geeigneten Bräter erhitzen und die Rolle darin anbraten. Dabei tritt das Fett vom Schweinenetz aus. Überflüssiges Fett entfernen, den Bräter in den Ofen stellen und die Putenrolle 35 bis 40 Minuten bis zur leichten Bräunung garen.

6. Die Rolle herausnehmen und in Alufolie etwa 10 Minuten ruhen lassen.

7. Die Gemüsebrühe oder den Fond aufkochen, die Safranfäden dazugeben und etwa 5 Minuten köcheln lassen. Inzwischen aus der Margarine und dem Mehl eine Masse kneten.

8. Diese zur Brühe geben, gut verrühren und durchkochen lassen, bis die Flüssigkeit gebunden ist. Dann den in der Folie von der Putenrolle ausgetretenen Fond und die Kaffeesahne unterziehen, danach nicht mehr kochen lassen.

9. Vor dem Servieren den gehackten Kerbel unterziehen. Die Sauce auf vier vorgewärmte Teller geben und jeweils eine Scheibe Putenbrust dazulegen. Mit Kerbelzweigen garnieren. Dazu passen weiße und gelbe Rübchen (siehe Rezept Seite 133), gedünstete Okraschoten (siehe Rezept Seite 133) und wilder Reis (siehe Rezept Seite 120).

385 kcal • 1612 kJ • 22 g F • 99 mg Chol • 6 g KH • 41 g E

Piccata von Kabeljau

Zubereitungszeit:
ca. 50 Min.

Für 4 Personen

600 g Kabeljaufilet
Saft von ¼ Zitrone
wenig Meersalz
frisch gemahlener
weißer Pfeffer

Sauce:
4 Tomaten (200 g)
1 Zwiebel (40 g)
⅛ l Gemüsebrühe
(siehe Rezept Seite 55)
oder Fischfond (Fertig-
produkt)

Teig:
4 Eiklar (140 g)
4 EL geriebener Parmesan-
käse (20 g)
2 EL Weizenmehl
Type 405 (20 g)
2 EL Olivenöl (20 g)
1 EL Diätmargarine (10 g)
geriebene Schale von
1 unbehandelten Zitrone
4 Salbeiblätter

1. Das Kabeljaufilet
waschen und schräg in
8 Stücke (à 75 g) schnei-
den. Mit Zitronensaft,
wenig Meersalz und Pfef-
fer würzen, dann kalt
stellen.
2. Inzwischen die Tomaten waschen, die grünen
Stengelansätze entfernen,
die Tomaten in kochen-
des Wasser geben, dann
kurz kalt abschrecken. Die
Haut abziehen und die
Tomaten achteln. Die
Zwiebel schälen und in
Würfel schneiden.

3. Für den Teig die Eiklare
verquirlen und mit dem
Parmesankäse mischen.
Die Fischstücke zuerst in
Mehl, dann in der Ei-Käse-
Mischung wenden.
4. 1 Eßlöffel Olivenöl in
einer Pfanne erhitzen, die
Kabeljaustücke langsam
von beiden Seiten darin
braten.
5. Inzwischen die Zwiebelwürfel im restlichen Öl
(1 EL) glasig braten, die
Tomatenachtel dazugeben
und mit wenig Meersalz
und Pfeffer würzen. Die
Brühe oder den Fischfond
angießen und alles etwa
5 Minuten leicht köcheln
lassen.
6. Die Kabeljaustücke
warm stellen. Die Marga-
rine in die Pfanne geben,
gut heiß werden lassen,
die Zitronenschale hineingeben und einmal auf-
schäumen lassen.
7. Die Salbeiblätter
waschen, fein schneiden
und vor dem Servieren
unter die Tomatensauce
heben. Je zwei Kabeljau-
piccata auf vier vor-
gewärmte Teller geben,
mit der Zitronenmarga-
rine überziehen und die
Tomatensauce seitlich
anrichten.
Dazu passen grüne
Nudeln (siehe Rezept
Seite 71) und ein frischer
Blattsalat.

237 kcal • 992 kJ • 9 g F •
49 g Chol • 6 g KH •
32 g E

Fischklößchen auf Samtsaucen

Zubereitungszeit:
ca. 1 ½ Std.

Für 4 Personen

Klößchen:
500 g Fischfilet
(Hecht, Kabeljau)
Saft von ¼ Zitrone
wenig Meersalz
frisch gemahlener
weißer Pfeffer
4 Scheiben Vollkorn-
toast (80 g)
2 Eiklar (70 g)
3 EL Kaffeesahne 4 % Fett
(45 g)
800 ml Fischfond
(Fertigprodukt)

Sauce:
2 EL Diätmargarine (20 g)
2 EL Weizenmehl
Type 405 (30 g)
4 Safranfäden
2 EL gehackte Kräuter
„Frankfurter Grüne Sauce"
(Borretsch, Petersilie,
Kerbel, Schnittlauch,
Pimpernelle)
1 EL Kaffeesahne 4 % Fett
(15 g), 4 Zweige Dill

1. Das Fischfilet waschen,
in Würfel schneiden, mit
Zitronensaft, wenig Meer-
salz und Pfeffer würzen
und kalt stellen.
2. Die Rinde des Toastbro-
tes abschneiden und das
Brot fein reiben.
3. Das Fischfilet in einem
Mixer fein pürieren und
mit den Eiklaren, der Kaffeesahne und dem gerie-
benen Brot zu einer
geschmeidigen Masse ver-
rühren. Diese kalt stellen.

4. Den Fischfond auf-
kochen lassen. Mit zwei
vorher in Wasser getauch-
ten Eßlöffeln aus der
Masse 16 Klößchen for-
men. Diese in den Fond
geben und etwa 10 Minu-
ten ziehen, nicht kochen,
lassen. Die Klößchen sind
gar, wenn sie an der Oberfläche schwimmen. Dann
herausnehmen und warm
stellen.
5. Die Margarine und das
Mehl zu einer glatten
Masse kneten. In den
Fischfond geben und
unter ständigem Rühren
so lange kochen lassen,
bis die Sauce bindet.
6. Die Fischsauce teilen.
Die eine mit Safranfäden
etwa 5 Minuten köcheln
lassen und mit der Hälfte
der Kaffeesahne mischen,
dann nicht mehr kochen
lassen.
7. Die andere mit gehackten Kräutern und der restlichen Kaffeesahne ver-
rühren, dann ebenfalls
nicht mehr kochen lassen.
8. Auf vier vorgewärmte
Teller je vier Klößchen
geben und jeweils zwei
mit Safran- und zwei mit
Kräutersauce überziehen.
Mit Dillzweigen garnieren.
Dazu passen Grünkern-
risotto (siehe Rezept Seite
121) und weiße und gelbe
Rübchen (siehe Rezept
Seite 133).

251 kcal • 1052 kJ • 7 g F •
3 mg Chol • 17 g KH •
30 g E

Überbackene Heilbuttmedaillons

Zubereitungszeit: 70 Min.
Vorheizen des Backofens
auf 180° C
Zeit zum Überbacken:
ca. 10 Min.

Für 4 Personen

600 g Heilbuttfilet
Saft von ¼ Zitrone
wenig Meersalz
frisch gemahlener weißer Pfeffer
½ Zwiebel (20 g)
2 gelbe Paprikaschoten (250 g)
¼ l Gemüsebrühe (siehe Rezept Seite 55)
1 Knoblauchzehe
1 Prise Currypulver
1 Prise Zucker
2 Scheiben Roggenvollkornbrot (40 g)
1 EL geriebener Parmesankäse (20 g)
2 EL gehackte gemischte Kräuter
1 TL Senfpulver
2 EL Olivenöl (20 g)
1 Eiklar (35 g)
2 EL Crème fraîche (30 g)
4 Zweige Zitronenmelisse

1. Die Heilbuttfilets waschen, mit Zitronensaft, wenig Meersalz und Pfeffer würzen und kühlen.
2. Die Zwiebel schälen und würfeln. Die Paprikaschoten waschen, halbieren und die Kerngehäuse entfernen.
3. Die Paprikahälften auf ein Backblech legen und so lange im Ofen erhitzen, bis die Haut Blasen bildet. Die Paprika herausnehmen und häuten. In Stücke schneiden.
4. Die Zwiebelwürfel und die Paprikastücke mit der Gemüsebrühe, der geschälten Knoblauchzehe, Curry, wenig Meersalz und Zucker in einen Topf geben und etwa 10 Minuten köcheln lassen.
5. Die Rinde des Brotes abschneiden, das Brot auf einer Haushaltsreibe sehr fein reiben und mit Parmesankäse, den Kräutern und dem Senfpulver mischen.
6. Das Olivenöl in einer Pfanne erhitzen, die Heilbuttmedaillons von beiden Seiten 2 bis 3 Minuten anbraten und auf ein Backblech legen.
7. Das Eiklar verquirlen und die Heilbuttfilets damit bestreichen. Die Brot-Käse-Mischung darauf verteilen und alles etwa 10 Minuten überbacken.
8. Das gekochte Gemüse im Mixer pürieren und mit der Crème fraîche verrühren. Die Sauce auf vier vorgewärmten Tellern verteilen und den Fisch darauflegen. Mit Zitronenmelisse garnieren.
Dazu passen schwarze Nudeln (siehe Rezept Seite 123) und Okraschoten (siehe Rezept Seite 133).

251 kcal • 1052 kJ • 7 g F • 3 mg Chol • 17 g KH • 30 g E

Rotbarschfilet
italienische Art

Zubereitungszeit:
ca. 30 Min.
Vorheizen des Backofens
auf 200° C
Zeit zum Überbacken:
ca. 10 Min.

Für 4 Personen

600 g Rotbarschfilet
wenig Meersalz
gemahlener Pfeffer
1 Zweig Oregano
2 Tomaten (150 g)
1 EL gehacktes Basilikum
100 g Champignons
Saft von ⅛ Zitrone
1 Scheibe magerer gekochter Schinken (60 g)
3 Eiklar (100 g)
3 EL Weizenmehl Type 405 (45 g)
2 EL Olivenöl (20 g)
2 Scheiben Edamer 40% Fett i. Tr. (60 g)
2 EL geriebener Parmesankäse (10 g)
1 EL Diätmargarine (10 g)
4 Basilikumblätter

1. Das Rotbarschfilet
waschen, in etwa
150 Gramm schwere
Stücke schneiden, mit
wenig Meersalz, Pfeffer
und Oreganoblättchen
würzen und kalt stellen.
2. Die Tomaten waschen,
die grünen Stengelansätze
entfernen, die Tomaten in
Scheiben schneiden und
mit dem gehackten Basilikum würzen.
3. Die Champignons putzen, mit einem mit Zitronenwasser angefeuchteten
Tuch abreiben und in
Scheiben schneiden. Den
Schinken von Fetträndern
befreien und in Streifen
schneiden.
4. Die Eiklare quirlen und
mit dem Mehl verrühren.
5. Das Olivenöl in einer
Pfanne erhitzen, das Rotbarschfilet in dem Eiweiß-
Mehl-Teig wenden und
von beiden Seiten etwa
5 Minuten braten.
6. Den Fisch auf ein Backblech legen. Die Tomatenscheiben, die Champi-

gnons und die Schinkenstreifen darauf verteilen,
die Edamerscheiben
darauflegen. Mit Parmesan
bestreuen und Margarineflöckchen daraufsetzen.
7. Das Ganze im Ofen
etwa 10 Minuten überbakken, der Käse sollte
geschmolzen sein. Die
Rotbarschfilets auf vorgewärmte Teller legen
und jeweils mit einem
Basilikumblatt garnieren.
Dazu passen grüne
Nudeln (siehe Rezept
Seite 71) und Spinat-
Radicchio-Salat (siehe
Rezept Seite 143).

357 kcal • 1493 kJ • 17 g F •
67 mg Chol • 9 g KH •
42 g E

Lachsschnitte auf Gemüsebett

Zubereitungszeit:
ca. 50 Min.

Für 4 Personen

600 g Lachsfilet ohne
Gräten
Saft von ¼ Zitrone
wenig Meersalz
½ Zwiebel (20 g)
1 ½ EL Diätmargarine
(15 g)
1 Karotte (100 g)
1 Stange Lauch (100 g)
1 Stange Bleichsellerie
(100 g)
⅛ l trockener Weißwein
¼ l Gemüsebrühe
(siehe Rezept Seite 55)
1 Zweig Estragon
frisch gemahlener
weißer Pfeffer
2 EL Weizenmehl
Type 405 (25 g)
4 Safranfäden
2 EL Kaffeesahne 4 % Fett
(30 g)
2 EL gehackter Kerbel
4 Zweige Kerbel

1. Den Lachs waschen, in
vier Portionen teilen und
mit Zitronensaft und
wenig Meersalz würzen.
2. Die Zwiebel schälen
und in Würfel schneiden.
Einen Topf mit 1 Teelöffel
Margarine ausreiben, die
Zwiebelwürfel dazugeben,
den Lachs darauflegen
und alles kalt stellen.
3. Das Gemüse putzen
und waschen. Die Karotte
und den Lauch in feine
Streifen schneiden. Vom
Bleichsellerie die harten
Fasern abziehen und die
Stangen ebenfalls in feine
Streifen schneiden.
4. Den Weißwein und die
Hälfte der Gemüsebrühe
zum Lachs geben, den
Estragonzweig hinzufügen
und alles einmal auf-
kochen und dann am
Herdrand etwa 5 Minuten
ziehen lassen.

5. Die Gemüsestreifen in
der restlichen Gemüse-
brühe mit wenig Meersalz
und Pfeffer bißfest garen.
6. Die restliche Margarine
(1 EL) in einem Topf
erhitzen, das Mehl darin
kurz anschwitzen und
alles unter Rühren mit
dem Kochfond vom Lachs
ablöschen, den Estragon-
zweig entfernen. So lange
kochen lassen, bis eine
Bindung erreicht ist.
7. Die Safranfäden dazugeben und die Sauce etwa
10 Minuten köcheln las-
sen. Die Safransauce
durch ein Sieb passieren
und die Kaffeesahne dazu-
geben, dann nicht mehr
kochen lassen. Den
gehackten Kerbel erst kurz
vor dem Servieren unter-
ziehen.
8. Einen Teil der Sauce
auf vier vorgewärmte Tel-
ler geben, jeweils zwei
Löffel Gemüsestreifen und
eine Portion Lachsfilet
anlegen. Die restliche
Sauce darüberziehen und
mit den Kerbelzweigen
garnieren.
Dazu passen in leicht
gesalzenem Wasser
gekochte Kartoffeln oder
Kartoffelschiffchen mit
Sesam (siehe Rezept Seite
125) und ein frischer
Blattsalat (siehe Rezepte
Seite 142 bis 145).

510 kcal • 2133 kJ • 31 g F •
71 mg Chol • 9 g KH •
43 g E

Tip
Garen Sie den Lachs nicht
zu lange im voraus, da er
bei längerem Stehen
leicht trocken wird.

Fisch-Gemüse-Gratin

Zubereitungszeit:
ca. 1 Std.
Vorheizen des Backofens
auf 180° C
Garzeit im Ofen:
ca. 1 Std.

Für 4 Personen

500 g Fischfilet (Kabel-
jau, Seelachs, Dorsch)
Saft von ¼ Zitrone
wenig Meersalz
60 g Hirse
120 ml heiße Gemüse-
brühe (siehe Rezept
Seite 55)
1 Karotte (100 g)
¼ Sellerieknolle (100 g)
1 Stange Lauch (100 g)
100 g Steinpilz-
champignons
Saft von ¼ Zitrone
2 EL Diätmargarine (20 g)
6 Eiklar (210 g)
200 ml fettarme Milch
frisch gemahlener
weißer Pfeffer
1 Prise Kurkuma oder
1 Prise Safranpulver
1 EL gehackte Petersilie

1. Den Fisch waschen,
trockentupfen und in
Würfel schneiden. Mit
etwas Zitronensaft und
wenig Meersalz würzen
und kalt stellen.
2. Die Hirse gut waschen,
mit der Gemüsebrühe in
einen Topf geben und
etwa 10 Minuten kochen.
Dann an den Herdrand
ziehen und weitere
20 Minuten quellen
lassen.
3. Das Gemüse putzen,
waschen und in dünne
Scheiben schneiden. Alles
in wenig Wasser etwa
5 Minuten bißfest
dünsten.
4. Die Champignons putzen, mit einem mit Zitro-
nenwasser angefeuchteten
Tuch abreiben, dann in
Blättchen schneiden.

5. Eine Auflaufform mit
Margarine einfetten. Die
Fischwürfel mit dem
Gemüse, der Hirse und
den Pilzen mischen und
in die Form geben.
6. Die Eiklare mit der
Milch verquirlen, mit Pfeffer, wenig Meersalz, dem
Kurkuma oder Safran und
der gehackten Petersilie
abschmecken.
7. Die Eiklarmischung
über die Auflaufzutaten
gießen. Die Fettpfanne
des Backofens zur Hälfte
mit heißem Wasser füllen,
die Form hineinstellen,
im Backofen 50 bis 60
Minuten garen und in der
Form servieren.
Dazu passen Tomaten-
coulis (siehe Rezept Seite
74) und Blattsalate mit
Kartoffeldressing (siehe
Rezept Seite 145).

240 kcal • 1004 kJ • 6 g F •
55 mg Chol • 17 g KH •
30 g E

Gefüllte Seezungen

Zubereitungszeit:
ca. 70 Min.

Für 4 Personen

4 gehäutete Seezungen
(à 350 g)
Saft von ¼ Zitrone
wenig Meersalz
gemahlener weißer Pfeffer
½ Karotte (50 g)
½ Stange Lauch (50 g)
½ Zwiebel (20 g)
80 g Steinpilz-
champignons
Saft von ½ Zitrone
80 g kleine Pfifferlinge
2 EL Sonnenblumenöl
(20 g)
3 EL Weizenmehl
Type 405 (45 g)
100 ml Weißwein
1 EL Diätmargarine (10 g)
20 g gekochter wilder
Reis (siehe Rezept
Seite 120)
1 Prise Cayennepfeffer
1 EL gehackte Zitronen-
melisse
1 EL gehackte Petersilie
4 Blätter Zitronenmelisse
1 Tomate nach Belieben

1. Die Seezungen waschen. Die Fische in der Mitte der Länge nach einschneiden und die Filets halb von den Gräten lösen. Dabei entsteht eine Art Tasche für die Füllung.
2. Den Fisch mit Zitronensaft, wenig Meersalz und Pfeffer würzen und abgedeckt kalt stellen.

3. Die Karotte und den Lauch putzen, waschen und in kleine Würfel schneiden. Die Zwiebel schälen und ebenfalls würfeln.
4. Die Champignons putzen und mit einem mit Zitronenwasser angefeuchteten Tuch abreiben. Die Pilze vierteln. Die Pfifferlinge putzen, kurz waschen und halbieren.
5. Das Sonnenblumenöl in einer Pfanne erhitzen, die Seezungen in Mehl wenden und im Öl von beiden Seiten goldgelb braten. Anschließend warm stellen.
6. Den Bratensatz mit etwas Weißwein ablöschen, die Margarine und die Gemüsewürfel dazugeben und etwa 5 Minuten dünsten.
7. Die Pilze hinzufügen und weitere 5 Minuten köcheln lassen. Den wilden Reis dazugeben und mit wenig Meersalz und Cayennepfeffer würzen.
8. Die Flüssigkeit etwas einkochen lassen und zuletzt die gehackte Zitronenmelisse und Petersilie unterziehen.
9. Die Seezungen auf vier vorgewärmte Teller legen, in die Seezungentasche 2 bis 3 Eßlöffel der Pilz-Gemüse-Füllung geben und alles mit Melisseblättchen und nach Belieben mit Tomatenstreifen garnieren.
Dazu passen Kartoffelschiffchen (siehe Rezept Seite 125) und ein Kopfsalat „Mimosa" (siehe Rezept Seite 145).

282 kcal • 1178 kJ • 10 g F • 91 mg Chol • 14 g KH • 29 g E

Zanderfilet mit glaciertem Gemüse

Zubereitungszeit:
ca. 50 Min.

Für 4 Personen

4 Zanderfilets (600 g)
Saft von ¼ Zitrone
wenig Meersalz
frisch gemahlener
weißer Pfeffer
1 Zweig Dill
1 Zweig Estragon
½ Salatgurke (150 g)
2 Tomaten (150 g)
2 EL Sonnenblumenöl (20 g)
2 EL Weizenmehl Type 405 (30 g)
1 EL Diätmargarine (10 g)
4 EL TK-Maiskörner (100 g)
200 ml Tomatensaft
1 EL gehacktes Basilikum
1 EL gehackte Petersilie
1 EL gerösteter Sesam (10 g)

1. Die Zanderfilets waschen und mit Zitronensaft, wenig Meersalz und Pfeffer würzen. Die Blättchen der Kräuter abzupfen, fein schneiden, auf die Filets geben und diese abgedeckt kalt stellen.
2. Die Gurke waschen, schälen und längs halbieren. Mit einem Teelöffel das Kerngehäuse herauskratzen und die Gurke in etwa 1 Zentimeter dicke, halbmondförmige Scheiben schneiden.
3. Die Tomaten waschen, die grünen Stengelansätze herausschneiden, die Tomaten in kochendes Wasser geben. Dann kurz kalt abschrecken, die Haut abziehen und die Tomaten vierteln. Die Kerngehäuse herausnehmen und die Viertel nochmals halbieren.

4. Das Sonnenblumenöl in einer Pfanne erhitzen, die Zanderfilets in Mehl wenden und bei mäßiger Hitze langsam braten. Anschließend herausnehmen und warm stellen.
5. Das Öl aus der Pfanne entfernen, die Margarine hineingeben und die Gurkenhalbmonde darin etwa 5 Minuten dünsten. Die Maiskörner hinzufügen und alles mit gemahlenem weißen Pfeffer und wenig Meersalz abschmecken.
6. Weitere 5 Minuten köcheln lassen, dann den Tomatensaft und die Tomatenachtel dazugeben und zuletzt die gehackten Kräuter unterziehen.
7. Die Zanderfilets auf vorgewärmte Teller legen, mit dem Gemüse überziehen und mit dem Sesam bestreuen.
Dazu passen neue Pellkartoffeln und das Salattrio in Karottenvinaigrette (siehe Rezept Seite 142).

325 kcal • 1362 kJ • 11 g F • 0,5 mg Chol • 15 g KH • 42 g E

Seefisch provenzalische Art

Zubereitungszeit:
ca. 1 Std.
Vorheizen des Backofens
auf 200° C
Garzeit im Ofen:
ca. ½ Std.

Für 4 Personen

600 g Seelachsfilet
4 Knoblauchzehen
Saft von ½ Zitrone
frisch gemahlener
weißer Pfeffer
wenig Meersalz
1 kleine Aubergine
(250 g)
1 Zweig Thymian
1 Zwiebel (40 g)
1 Zucchino (200 g)
je ½ rote und gelbe
Paprikaschote (à 60 g)
4 Tomaten (200 g)
1 Salbeiblatt
1 Zweig Rosmarin
2 EL Olivenöl (20 g)
1 EL Diätmargarine für die
Form (10 g)
⅛ l Weißwein
⅛ l Gemüsebrühe
(siehe Rezept Seite 55)
1 Bund Basilikum

1. Das Seelachsfilet
waschen, in größere
Stücke schneiden.
2. Die Knoblauchzehen
schälen, zwei in Stifte
schneiden, zwei durch
eine Presse drücken und
das Mus beiseite stellen.
Die Seelachsstücke mit
den Knoblauchstiften
spicken.
3. Die gespickten Seelachsstücke mit der Hälfte
des Zitronensaftes, Pfeffer
und wenig Meersalz wür-
zen und kalt stellen.

4. Die Aubergine
waschen, in etwa 1 Zenti-
meter dicke Scheiben
schneiden, mit dem restlichen Zitronensaft, wenig
Meersalz und gehackten
Thymianblättchen mari-
nieren und ziehen lassen.
5. Die Zwiebel schälen
und in Würfel schneiden.
Den Zucchino waschen,
längs halbieren, mit
einem Teelöffel die Kerne
herauskratzen und das
Fruchtfleisch in etwa
1 Zentimeter große, halb-
mondförmige Scheiben
schneiden.
6. Die Paprikaschoten
waschen, von restlichen
Kerngehäusen befreien
und die Hälften in Streifen
schneiden.
7. Die Tomaten waschen,
die grünen Stengelansätze
herausschneiden, die
Tomaten in kochendes
Wasser geben. Kurz kalt
abschrecken, die Haut
abziehen und die Tomaten
vierteln.
8. Das Knoblauchmus mit
wenig Meersalz und
gehackten Salbei- und
Rosmarinblättchen zu
einer Paste verrühren.
9. Die Hälfte des Oliven-
öls in einer Pfanne erhitzen, die Auberginenschei-
ben darin anbraten und
eine gefettete Auflaufform
damit auslegen.
10. Das restliche Olivenöl
in die Pfanne geben, die
Zwiebelwürfel darin gla-
sig braten, die Paprika-
streifen dazugeben und
alles etwa 5 Minuten bra-

ten, dann die Zucchino-
stücke und die Tomaten-
viertel hinzufügen.
11. Mit der Knoblauch-
paste abschmecken und
vom Herd nehmen.
12. Auf die Auberginen-
scheiben jeweils eine
Schicht Gemüse und eine
Schicht gespickte See-
lachsstücke geben, den
Abschluß sollte eine
Schicht Gemüse bilden.
13. Zuletzt den Weißwein
und die Gemüsebrühe
angießen und die Form
mit einem passenden
Deckel oder Alufolie ver-
schließen.
14. Im Ofen 25 bis 30
Minuten garen, anschlie-
ßend im Ofen kurz ruhen
lassen. Mit frischem Basilikum bestreuen und in der
Form servieren.
Dazu passen Pellkartoffeln
oder Vollkornbaguette
und ein frischer Blattsalat.

263 kcal • 1101 kJ • 9 g F •
50 mg Chol • 10 g KH •
30 g E

Dorschfilet im Sesammantel

Zubereitungszeit:
ca. 50 Min.

Für 4 Personen

600 g Dorschfilet
Saft von ¼ Zitrone
wenig Meersalz
1 Zweig Estragon
½ Salatgurke (200 g)
2 Tomaten (130 g)
1 Bund Dill
3 EL Sesam (10 g)
3 Eiklar (100 g)
3 EL Weizenmehl
Type 405 (45 g)
1 EL Sonnenblumenöl
(10 g)
1 TL Diätmargarine (5 g)
1 EL gehackte Petersilie

1. Das Dorschfilet waschen und in vier Portionen schneiden. Mit Zitronensaft, wenig Meersalz und geschnittenen Estragonblättern würzen und kalt stellen.
2. Die Gurke schälen und längs halbieren. Mit einem Teelöffel das Kerngehäuse herauskratzen und die Gurkenhälften in halbmondförmige Scheiben schneiden.
3. Die Tomaten waschen, die grünen Stengelansätze herausschneiden und die Tomaten in kochendem Wasser blanchieren. Kurz kalt abschrecken und die Haut abziehen. Die Tomaten vierteln und die Kerngehäuse entfernen.
4. Den Dill waschen, trockenschleudern und die Blättchen abzupfen. Den Sesam in einer Pfanne ohne Fettzugabe goldgelb rösten. Die Eiklare mit dem Mehl verrühren und den Sesam dazugeben.
5. Das Öl in der Pfanne leicht erhitzen, das Dorschfilet in dem Sesamteig wenden und in Öl von allen Seiten goldgelb braten. Herausnehmen und warm stellen.
6. Das Öl aus der Pfanne entfernen, die Margarine und die Gurkenhalbmonde hineingeben und etwa 5 Minuten bißfest dünsten.
7. Kurz vor Ende der Garzeit die Tomatenstücke hinzufügen und alles mit wenig Meersalz und Dill würzen. Den Fisch auf vier vorgewärmten Tellern anrichten, mit dem Gemüse überziehen und mit Petersilie bestreuen. Dazu passen gedämpfte Kartoffeln und das Salattrio in Karottenvinaigrette (siehe Rezept Seite 142).

263 kcal • 1103 kJ • 7 g F • 100 mg Chol • 11 g KH • 40 g E

Gefüllte Bachforelle

Zubereitungszeit:
ca. 100 Min.
Vorheizen des Backofens
auf 200° C
Garzeit im Ofen:
ca. 20 Min.

Für 4 Personen

4 ausgenommene Bachforellen (à 220 g)
Saft von ¼ Zitrone
wenig Meersalz
1 TL Diätmargarine für die Form (5 g)
600 g Blattspinat
1 Zwiebel (40 g)
2 EL rote Linsen (20 g)
1 Knoblauchzehe
geriebene Muskatnuß
2 EL Sonnenblumenöl
(20 g)
2 Eiklar (70 g)
1 EL fettarme Milch (15 g)
2 EL saure Sahne
10 % Fett (30 g)

1. Die Forellen von möglicherweise verbliebenen Innereien befreien und unter fließendem Wasser vor allem innen gut waschen.
2. Die Bauchhöhle mit Zitronensaft ausreiben und mit wenig Meersalz würzen. Die Forellen in eine gefettete Auflaufform legen und kalt stellen.
3. Den Spinat putzen, die Stiele abschneiden, die Blätter waschen und in kochendem Wasser blanchieren. Die Zwiebel schälen und würfeln.
4. Die Linsen waschen und in Wasser etwa 10 Minuten quellen lassen. Die Knoblauchzehe schälen und mit wenig Meersalz und Muskatnuß zerdrücken.
5. Das Sonnenblumenöl in einem Topf erhitzen, die Zwiebel darin glasig braten, die Linsen dazugeben und kurze Zeit mitbraten.
6. Die Spinatblätter fein hacken und dazugeben, alles mit dem Knoblauchmus abschmecken und etwas abkühlen lassen.
7. Die Eiklare mit der Milch verquirlen und mit der noch warmen Spinatmasse verrühren. Die Forellen mit der Gemüsemischung füllen, in die Form zurücklegen, mit Alufolie abdecken und im Ofen etwa 20 Minuten garen.
8. Die Folie entfernen, die Forelle etwa 10 Minuten ruhen lassen. Die Fische auf vier vorgewärmte Teller legen, jeweils 1 Teelöffel saure Sahne daraufgeben und etwas Fond aus der Form angießen. Dazu passen in leicht gesalzenem Wasser gekochte Kartoffeln mit Petersilie und ein frischer Blattsalat.

274 kcal • 1143 kJ • 11 g F • 85 mg Chol • 7 g KH • 37 g E

Tip
Es sieht schöner aus, wenn Sie die Forellen vor dem Füllen entgräten.

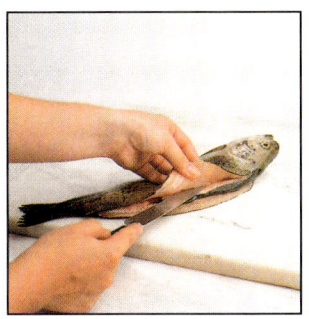

Verwenden Sie noch nicht ausgenommene Fische und schneiden an beiden Seiten entlang der Mittelgräte ein.

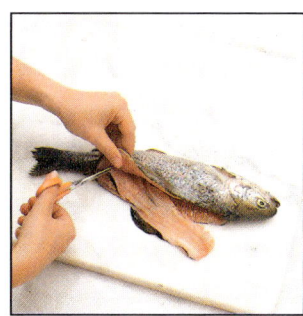

Mit einer Schere schneidet man die Mittelgräte am Kopf und Schwanz durch und zieht sie heraus. Die Eingeweide erst jetzt herausnehmen und mit dem Fisch weiter verfahren, wie es im Rezept beschrieben ist.

VEGETARISCHE HAUPTGERICHTE

Pflanzliche Lebensmittel sind cholesterinfrei, enthalten wertvolle Nähr-und Ballaststoffe sowie viele Vitamine und Mineralien – machen Sie sie daher zum Hauptbestandteil Ihrer Ernährung. Eine große Palette an Blatt-, Wurzel- und Fruchtgemüse steht das ganze Jahr über zur Verfügung, wählen Sie daraus jeweils die Sorten der Saison, denn sie haben das beste Aroma und liefern die meisten Vitamine.

Vegetarische Gerichte können mit Kartoffeln, verschiedenen Getreidearten, Hülsenfrüchten, Tofu und anderen Sojaprodukten, frischen Kräutern und Gewürzen in vielerlei Varianten zubereitet werden. Zum Beispiel mit Füllungen, wie bei unserem Vorschlag zu Kohlrouladen, der Brokkoliroulade oder den Weinblättern; oder als Gebratenes, wie in den Rezepten zu den pikanten Grünkern-Hirse-Plätzchen oder den Selleriesteaks; oder als verlockender Eintopf. Weitere Rezepte finden Sie in den Kapiteln „Kleine warme Gerichte" und „Suppen" Probieren Sie doch einfach mal aus.

Mit einer Ernährung aus vorwiegend pflanzlichen und weniger tierischen Lebensmitteln können Sie Ihre Cholesterin- und Kalorienzufuhr erheblich reduzieren. Wertvolle Inhaltsstoffe, wie die Ballaststoffe, tragen zu einer Verbesserung der Verdauung und des Fettstoffwechsels bei. Darüber hinaus erhält der Körper alle lebensnotwendigen Stoffe in ausreichender Menge, was unter anderem seinem Immunsystem und damit seiner Gesundheit und Leistungsfähigkeit zugute kommt.

Gemüsespieße orientalische Art

Zubereitungszeit:
ca. 35 Min.
Zeit zum Marinieren:
ca. 3 Std.

Für 4 Personen

½ Aubergine (150 g)
1 Zucchino (150 g)
8 Champignons (100 g)
Saft von ¼ Zitrone
1 Zwiebel (40 g)
je ½ rote und gelbe Paprikaschote (à 60 g)
⅛ l Gemüsebrühe (siehe Rezept Seite 55)
2 EL kalt gepreßtes Olivenöl (20 g)
frisch gemahlener schwarzer Pfeffer
½ TL Paprikapulver
½ TL Currypulver
wenig Meersalz
Saft von ½ Zitrone
je 1 Zweig Rosmarin und Thymian
1 Salbeiblatt
1 Prise gemahlener Koriander

1. Die Aubergine waschen, putzen, vierteln und in 1 Zentimeter dicke Stücke schneiden. Den Zucchino waschen und in 1 Zentimeter dicke Scheiben schneiden.
2. Die Champignons putzen und mit einem mit Zitronenwasser angefeuchteten Tuch abreiben.
3. Die Zwiebel schälen und vierteln. Die einzelnen Zwiebelschichten in 2 mal 2 Zentimeter große Stücke schneiden.
4. Die Paprikaschoten waschen, die restlichen Kerngehäuse herausnehmen und das Fruchtfleisch in gleich große Stücke wie die Zwiebeln schneiden. Die Paprika- und Zwiebelstücke in der Gemüsebrühe bißfest vorgaren.
5. Alle vorbereiteten Gemüsesorten abwechselnd auf einen Spieß stecken. Das Olivenöl mit Pfeffer, Paprika-, Currypulver, wenig Meersalz und Zitronensaft verrühren.

6. Die Kräuter waschen, die Blättchen abzupfen, fein schneiden und unter die Ölmarinade rühren.
7. Die Gemüsespieße damit bestreichen und abgedeckt im Kühlschrank etwa 3 Stunden marinieren.
8. Die Spieße abtropfen lassen und in einer Pfanne oder auf einer Grillplatte rundherum goldgelb braten, das Gemüse sollte noch bißfest bleiben. Dazu passen Grünkernrisotto (siehe Rezept Seite 121) und Tomatencoulis (siehe Rezept Seite 74) sowie ein frischer Blattsalat.

78 kcal • 322 kJ • 6 g F • 0,1 mg Chol • 5 g KH • 2 g E

Tip
Dieses Gemüsegericht ist ideal für Grillabende.

Kohlrouladen mit Grünkern-Gemüse-Füllung

Zubereitungszeit:
ca. 50 Min.
Vorheizen des Backofens
auf 180° C
Garzeit im Ofen:
ca. 40 Min.

Für 4 Personen

150 g Grünkern
300 ml Wasser
1 Karotte (50 g)
½ Stange Lauch (50 g)
¼ Sellerieknolle (50 g)
1 TL Olivenöl (5 g)
1 ½ EL Magerquark (40 g)
1 EL Pflanzenpastete
(25 g) (aus dem Reform-
haus)
2 EL kernige Haferflocken
(20 g)
2 Eiklar (70 g)
wenig Meersalz
1 Prise gemahlener
Koriander
frisch gemahlener
weißer Pfeffer
1 Prise Kümmelpulver

2 EL gehackte gemischte
Kräuter
¾ Kopf Weißkohl
(ca. 600 g)
1 TL Kümmelkörner
1 Kästchen Kresse

1. Den Grünkern
waschen, mit dem Wasser
in einen Topf geben und
20 bis 30 Minuten bei
geringer Hitze kochen,
den Topf vom Herd neh-
men und den Grünkern
weitere 20 bis 30 Minuten
nachquellen, anschlie-
ßend abkühlen lassen.
2. Inzwischen das
Gemüse putzen, waschen
in kleine Würfel schnei-
den. Das Olivenöl in
einem Topf erhitzen und
die Gemüsewürfel etwa
10 Minuten anbraten.
3. Den Magerquark mit
der Pflanzenpastete ver-
rühren und mit dem
Grünkern, den Gemüse-
würfeln, den Haferflocken
und den Eiklaren zu einer
geschmeidigen Masse ver-
rühren.

4. Diese mit wenig Meersalz, Koriander, Pfeffer,
Kümmelpulver und
gehackten Kräutern
würzen und kurz ziehen
lassen.
5. Das Weißkraut putzen,
in einzelne Blätter zerle-
gen, diese waschen und
in kochendem Wasser
blanchieren. Kurz kalt
abschrecken und abtrop-
fen lassen.
6. Von den Weißkrautblät-
tern die dicken Stiele herausschneiden und in acht
Portionen auf einer
Arbeitsfläche ausbreiten.
Mit Kümmelkörnern
bestreuen und jeweils ein
Achtel der Grünkernmasse
daraufgeben. Die Blätter
seitlich über die Masse
klappen und zu einer
Rolle einrollen. Das
Ganze mit Garn umwik-
keln.
7. Die Weißkrautrouladen
in eine Auflaufform legen,
etwa ¼ Liter Wasser
angießen und abgedeckt
im Ofen etwa 40 Minuten

garen. Jeweils eine ganze
und eine angeschnittene
Roulade auf vier vor-
gewärmte Teller legen,
mit etwas Kochfond über-
gießen und mit Kresse
garnieren.
Dazu passen ein Kartoffel-
püree mit Kräutern und
ein frischer Blattsalat.

248 kcal • 1044 kJ • 5 g F •
0 mg Chol • 39 g KH •
13 g E

Grünkern-Hirse-Plätzchen

Zubereitungszeit:
ca. 50 Min.

Für 4 Personen

80 g Grünkern
80 g Hirse
320 ml Wasser
oder Gemüsebrühe
wenig Meersalz
½ Karotte (50 g)
½ Stange Lauch (50 g)
1 Stange Bleichsellerie
(50 g)
1 ½ EL Magerquark (40 g)
2 EL kernige Hafer-
flocken (20 g)
1 EL Pflanzenpastete (25 g)
(aus dem Reformhaus)
2 Eiklar (70 g)
frisch gemahlener
weißer Pfeffer
geriebene Muskatnuß
1 EL gehackte Petersilie
5 EL Paniermehl (50 g)
200 g Steinpilz-
champignons
Saft von ⅛ Zitrone
1 EL Sonnenblumenöl
(10 g)
1 EL Diätmargarine (10 g)
2 EL Kaffeesahne 4 % Fett
(30 g)
1 TL gehackte Petersilie

1. Den Grünkern und die
Hirse gut waschen, beide
mit jeweils 160 Milliliter
Wasser oder Gemüsbrühe
und wenig Meersalz in
einen Topf geben, die
Hirse etwa 10 Minuten,
den Grünkern etwa
20 Minuten kochen las-
sen. Dann beides vom
Herd nehmen, die Hirse
etwa 20 Minuten und den
Grünkern etwa 30 Minu-
ten nachquellen lassen.
2. Inzwischen die Karotte,
den Lauch und den
Bleichsellerie waschen, in
kleine Würfel schneiden
und in wenig leicht gesalzenem Wasser bißfest
garen.

3. Den gegarten Grünkern
und die Hirse in eine
Schüssel geben, die
Gemüsewürfel, den
Quark, die Haferflocken,
die Pflanzenpastete, die
Eiklare, die Gewürze, die
Petersilie und das Paniermehl zu einer geschmeidi-
gen Masse verrühren.
4. Aus dem Teig acht
kleine Plätzchen (à 100 g)
formen und diese kurz
ruhen lassen.
5. Inzwischen die Champignons putzen, mit
einem mit Zitronenwasser
angefeuchteten Tuch ab-
reiben, die Pilze vierteln.
6. Das Sonnenblumenöl
in einer Pfanne erhitzen,
die Plätzchen von beiden
Seiten darin goldgelb bakken und warm stellen.
7. Verbliebenes Öl aus der
Pfanne entfernen, die Margarine hineingeben und
die Champignons darin
etwa 5 Minuten leicht
anbraten. Mit wenig Meer-
salz würzen.
8. Die Kaffeesahne und
die Petersilie unter die
Pilze ziehen. Je zwei
Grünkern-Hirse-Plätzchen
auf vier vorgewärmte Tel-
ler legen und jeweils zur
Hälfte mit den Pilzen
überziehen.
Dazu paßt ein Brokkolisa-
lat mit Pinienkernen
(siehe Rezept Seite 138).

361 kcal • 1511 kJ • 13 g F •
1 mg Chol • 44 g KH •
15 g E

Tip
Halten Sie Getreideplätz-
chen nicht zu lange
warm, sie werden sonst
trocken.

Erlesener Gemüseeintopf

Zubereitungszeit:
50 Min.

Für 4 Personen

22 Hirse-Quark-Nocken
(siehe Rezept Seite 56)
2 Karotten (150 g)
1 Stange Lauch (80 g)
1 Sellerieknolle (80 g)
80 g grüne Bohnen
80 g Brokkoliröschen
4 Stangen frischer
Spargel (100 g)
2 EL Diätmargarine (20 g)
wenig Meersalz
frisch gemahlener
schwarzer Pfeffer
geriebene Muskatnuß
1,2 l Gemüsebrühe
(siehe Rezept Seite 55)
1 Bund gemischte Kräuter
(Thymian, Liebstöckel,
Rosmarin)
4 Champignons (40 g)
80 g Austernpilze
Saft von ¼ Zitrone
2 EL gehackte Petersilie

1. Die Hirse-Quark-Nok-
ken nach Anweisung
zubereiten.
2. Die Karotten, den
Lauch und den Sellerie
schälen, waschen und in
Rauten schneiden. Die
grünen Bohnen putzen,
die Fäden abziehen und
die Bohnen in etwa
2 Zentimeter lange Stücke
schneiden.
3. Die Brokkoliröschen
waschen. Den Spargel
dünn schälen und in etwa
2 Zentimeter lange Stücke
schneiden.
4. Die Margarine in einem
Topf erhitzen, das
Gemüse außer den Brok-
koliröschen darin leicht
anbraten. Mit wenig Meer-
salz, Pfeffer und Muskat-
nuß abschmecken und die
Gemüsebrühe angießen.
5. Die Brühe aufkochen
lassen, die Brokkoli-
röschen und den Bund
Kräuter dazugeben und
alles etwa 10 Minuten
köcheln lassen.
6. Inzwischen die Pilze
putzen, kurz in Zitronen-
wasser waschen, abtrop-
fen lassen und in feine
Scheiben schneiden.
7. Kurz vor Ende der Garzeit die Pilze zum Eintopf
geben, einmal aufkochen
und 5 Minuten ziehen
lassen.
8. Den Eintopf eventuell
nochmals abschmecken,
die Hirse-Quark-Nocken
hineingeben und erwär-
men. Mit Petersilie
bestreuen.
Dazu paßt Roggen-Kräu-
ter-Brot (siehe Rezept
Seite 19).

95 kcal • 403 kJ • 6 g F •
0,5 mg Chol • 7 g KH •
5 g E

Brokkoliroulade mit Tomaten

Zubereitungszeit:
ca. 45 Min.
Vorheizen des Backofens
auf 200°C
Backzeit: ca. 25 Min.

Für 4 Personen

3 Tomaten (180 g)
1 Zwiebel (40 g)
1 TL Olivenöl (5 g)
wenig Meersalz
1 Prise geriebene Muskatnuß
2 EL Tomatenmark (30 g)
300 g Brokkoli
100 ml Wasser oder Gemüsebrühe (siehe Rezept Seite 55)
3 ½ EL Diätmargarine (35 g)
3 EL Weizenmehl Type 405 (45 g)
150 ml fettarme Milch
frisch gemahlener weißer Pfeffer
4 Eiklar (140 g)
1 Zweig Basilikum
4 EL geriebener Cheddarkäse (20 g)

1. Die Tomaten waschen, die grünen Stengelansätze herausschneiden, die Tomaten kurz in kochendes Wasser geben. Kurz kalt abschrecken, die Haut abziehen, die Tomaten vierteln und die Kerngehäuse entfernen.
2. Die Zwiebel schälen und in Würfel schneiden. Das Olivenöl in einem Topf erhitzen, die Zwiebel darin glasig braten, die Tomatenviertel dazugeben und alles zu Mus kochen.
3. Das Tomatenmus mit wenig Meersalz, Muskatnuß und Tomatenmark abschmecken und warm stellen.
4. Die Brokkoli putzen, waschen und in dem Wasser oder der Brühe kurz blanchieren. Anschließend fein hacken.

5. 3 Eßlöffel Margarine in einem Topf erhitzen, das Mehl dazugeben und leicht anschwitzen lassen. Die Milch nach und nach angießen und alles unter Rühren binden. Mit wenig Meersalz und Pfeffer abschmecken und etwas abkühlen lassen.
6. Nun die gehackten Brokkoli dazugeben und alles zu einer geschmeidigen Masse verrühren. Die Eiklare zu festem Schnee schlagen und darunterziehen.
7. Ein Backblech mit Backpapier belegen, dieses mit der restlichen Margarine (1 TL) einfetten und die Brokkolimasse zu einem Rechteck daraufstreichen.
8. Dieses etwa 15 Minuten backen, auf ein Küchentuch stürzen und das Backpapier abziehen.
9. Das warme Tomatenmus daraufstreichen, Basilikumblätter darauf verteilen und den Teig mit Hilfe des Küchentuches wie einen Strudel aufrollen.
10. Die Rolle auf ein Backblech legen, mit Käse bestreuen und kurz überbacken. Die Roulade in 8 Scheiben schneiden und jeweils zwei auf vier vorgewärmte Teller legen. Dazu passen weiße und gelbe Rübchen (siehe Rezept Seite 133) und gefüllte Champignonköpfe (siehe Rezept Seite 68).

180 kcal • 752 kJ • 9 g F •
3 mg Chol • 14 g KH •
11 g E

Gefüllte Weinblätter griechische Art

Zubereitungszeit:
ca. 50 Min.
Vorheizen des Backofens
auf 200° C
Garzeit im Ofen:
ca. 20 Min.

Für 4 Personen

1 Zwiebel (40 g)
1 Karotte (50 g)
1 EL Rosinen (15 g)
1 EL Korinthen (15 g)
1 EL Sonnenblumenöl (10 g)
4 EL Vollkornreis (40 g)
3 EL Hirse (30 g)
2 EL Pinienkerne (20 g)
wenig Meersalz
1 Prise Currypulver
4 Safranfäden
$5/8$ l Gemüsebrühe (siehe Rezept Seite 55)
8 eingelegte Weinblätter
1 $1/2$ EL Diätmargarine (15 g)
1 EL Weizenmehl Type 405 (15 g)
Saft und Schale von 2 unbehandelten Limonen oder Zitronen
1 EL gehackte Zitronen-melisse

1. Die Zwiebel und die Karotte schälen und in kleine Würfel schneiden. Die Rosinen und Korinthen waschen und kurz in Wasser einweichen.
2. Das Öl in einem für das Garen im Ofen geeigneten Topf erhitzen, die Zwiebel- und Karottenwürfel darin kurz anbraten, die Rosinen und Korinthen dazugeben und kurz mit andünsten.
3. Den Vollkornreis, die Hirse und die Pinienkerne dazugeben, alles kurz anbraten, mit wenig Meersalz, Curry und Safran würzen.
4. $1/2$ Liter Gemüsebrühe angießen, einmal auf-kochen lassen, den Topf

auf den Gitterrost in den Ofen stellen und alles etwa 25 Minuten garen.
5. Inzwischen die Wein-blätter ausbreiten und eine Auflaufform mit 1 Teelöffel Margarine aus-fetten.
6. Die Reis-Hirse-Füllung auf die Weinblätter vertei-len, diese seitlich ein-schlagen und zusammen-rollen. In die Auflaufform setzen, die restliche Gemüsebrühe ($1/8$ l) angießen und im Ofen abgedeckt 15 bis 20 Minu-ten garen.
7. Die restliche Margarine (1 EL) und das Mehl ver-kneten. Die Limonen oder Zitronen heiß waschen, die Schale in feinsten Streifen abschneiden und die Früchte auspressen.
8. Den Fond von den Weinblättern in einen Topf abgießen, die Marga-rine-Mehl-Mischung hin-eingeben und unter Rüh-ren aufkochen und bin-den lassen.
9. Die Zitrusfruchtschalen und den Saft hinzufügen und die Zitronenmelisse zuletzt darunterziehen. Die Sauce auf vier vor-gewärmte Teller geben und jeweils zwei gefüllte Weinblätter daraufsetzen. Dazu passen römische Nocken (siehe Rezept Seite 121) und Paprikage-müse mit Safran (siehe Rezept Seite 133).

209 kcal • 879 kJ • 11 g F •
0,5 mg Chol • 24 g KH •
4 g E

Tip
Sind die Weinblätter in Salzlake eingelegt, so sollte man sie sorgfältig wassern.

Tofuragout

Zubereitungszeit:
ca. 40 Min.
Marinierzeit: ca. 2 Std.

Für 4 Personen

240 g Tofu am Stück
2 EL Sojasauce (20 g)
je ½ rote und gelbe
Paprikaschote (à 60 g)
1 Zucchino (100 g)
2 Stangen Bleich-
sellerie (100 g)
2 EL Sonnenblumenöl
(20 g)
2 EL Sonnenblumen-
kerne (20 g)
½ TL Currypulver
2 EL Roggenvollkorn-
mehl (20 g)
100 ml Gemüsebrühe
(siehe Rezept Seite 55)
wenig Meersalz
1 kleines Stück frischer
Ingwer
2 EL Kaffeesahne 4 % Fett
(30 g)
1 EL gehackte und 1 Zweig
Zitronenmelisse

1. Den Tofu in Würfel
von etwa 2 Zentimetern
Kantenlänge schneiden
und etwa 2 Stunden mit
der Sojasauce ziehen-
lassen.
2. Die Paprikahälften
waschen, von restlichen
Kerngehäusen befreien
und das Fruchtfleisch in
etwa 1 Zentimeter große
Würfel schneiden.
3. Den Zucchino längs
halbieren, mit einem Tee-
löffel das Kerngehäuse
herauskratzen und die
Hälften in etwa 1 Zentimeter große, halbmondför-
mige Scheiben schneiden.
4. Den Bleichsellerie
waschen, eventuell harte
Fasern abziehen und
ebenfalls die Stangen in
1 Zentimeter dicke Schei-
ben schneiden.
5. Das Sonnenblumenöl
in einem Topf erhitzen,
die Tofuwürfel darin goldgelb anbraten, die Son-
nenblumenkerne dazuge-
ben und kurz mitbraten.

6. Die Paprika-, Zucchino-
und Selleriestücke hin-
zufügen und etwa 5 Minu-
ten mit anbraten. Den
Curry und das Mehl darü-
berstäuben, alles gut
verrühren und mit der
Gemüsebrühe ablöschen.
7. Das Ragout einige
Minuten köcheln lassen,
mit wenig Meersalz und
geriebenem Ingwer wür-
zen, dann die Kaffeesahne
und die Zitronenmelisse
unterheben. Das Ragout
anrichten und mit Melis-
seblättchen garnieren.
Dazu passen Grünkern-
risotto (siehe Rezept
Seite 121) und ein frischer
Blattsalat.

159 kcal • 667 kJ • 10 g F •
1 mg Chol • 8 g KH • 8 g E

Selleriesteak Cordon bleu

Zubereitungszeit:
ca. 40 Min.

Für 4 Personen

2 Sellerieknollen (600 g)
1 ½ Karotten (150 g)
wenig Meersalz
frisch gemahlener
schwarzer Pfeffer
2 Dosen Pflanzenpastete
(50 g) (aus dem Reform-
haus)
1 Zweig Oregano
5 Zweige Thymian
4 Scheiben Edamer 30 %
Fett i. Tr. (120 g)
3 Eiklar (100 g)
2 EL Roggenmehl
Type 997 (20 g)
4 EL Vollkornsemmel-
brösel (40 g)
1 EL Sonnenblumenöl
(10 g)
1 EL Diätmargarine (10 g)
geriebene Schale von
1 unbehandelten Zitrone
oder Limone

1. Den Sellerie waschen, schälen und mit einer Brotmaschine in 16 etwa ½ Zentimeter dicke Scheiben schneiden. Diese in ¼ l Wasser bißfest garen.
2. Inzwischen die Karotten schälen und halbieren. Die Hälften der Länge nach in etwa 16 dünne Scheiben schneiden. Diese ebenfalls in wenig Wasser bißfest garen. Das Gemüse mit wenig Meersalz und Pfeffer würzen.
3. Die Selleriescheiben mit der Pflanzenpastete bestreichen und acht mit Karottenscheiben, Oreganoblättchen, 1 Thymianzweig und je 1 Käsescheiben belegen.
4. Die anderen vier Selleriescheiben als Deckel daraufsetzen.
5. Die Eiklare mit dem Roggenmehl verrühren und die Selleriesteaks zuerst darin, dann in den Semmelbröseln wenden, dabei gut festdrücken.

6. Das Sonnenblumenöl in einer Pfanne erhitzen, die Selleriesteaks von beiden Seiten etwa 5 Minuten darin goldgelb braten, dann warm stellen.
7. Die Margarine in einem Topf erhitzen, die Zitronenschale hineingeben, aufschäumen lassen. Je ein ganzes und ein halbiertes Selleriesteak auf vier vorgewärmte Teller legen, mit der Zitronenmargarine begießen und mit den restlichen Thymianzweigen garnieren. Dazu passen Tomatencoulis (siehe Rezept Seite 75) und ein frischer Blattsalat.

276 kcal • 1156 kJ • 14 g F •
17 mg Chol • 20 g KH •
17 g E

Kartoffelgratin mit roten Linsen

Zubereitungszeit:
ca. 50 Min.
Vorheizen des Backofens
auf 180° C
Garzeit im Ofen:
ca. 40 Min.

Für 4 Personen

60 g rote Linsen
150 ml Wasser
3 Stangen Lauch (300 g)
1 Zwiebel (40 g)
400 g neue Kartoffeln
2 EL Diätmargarine (20 g)
wenig Meersalz
frisch gemahlener
weißer Pfeffer
geriebene Muskatnuß
1 EL gehackter Majoran
1 TL gehackte Petersilie
6 Eiklar (210 g)
200 ml Magermilch
1 Prise Kurkuma
1 EL Sesam

1. Die Linsen im kalten Wasser etwa 10 Minuten quellen lassen. Den Lauch putzen, halbieren, waschen und in etwa 1 Zentimeter breite Scheiben schneiden. Die Zwiebel schälen und würfeln.
2. Die Kartoffeln waschen, schälen, vierteln und in dünne Scheiben schneiden.
3. 1 Eßlöffel Margarine in einer Pfanne erhitzen und die Lauchstücke und die Zwiebelwürfel darin leicht anbraten. Den Lauch, die Zwiebeln, die Kartoffelscheiben und die Linsen mischen und mit wenig Meersalz, Pfeffer, Muskatnuß, Majoran und Petersilie abschmecken.

4. Eine Auflaufform mit der restlichen Margarine (1 EL) ausfetten und die Gemüsemischung hineingeben. Die Eiklare mit der Milch verquirlen, mit dem Kurkuma mischen und über die Auflaufzutaten gießen.
5. Etwas heißes Wasser in die Fettpfanne des Backofens gießen, die Auflaufform hineinstellen und den Gratin etwa 40 Minuten im Ofen garen.
10 Minuten vor Garzeitende den Sesam auf den Gratin streuen und diesen fertig garen.
Dazu passen Tomatencoulis (siehe Rezept Seite 74) und ein Eisberg-Fenchel-Salat (siehe Rezept Seite 145).

239 kcal • 998 kJ • 7 g F • 0,5 mg Chol • 30 g KH • 15 g E

Kartoffel-Hirse-Roulade

Zubereitungszeit:
ca. 2 Std.

Für 4 Personen

70 g Hirse
150 ml Gemüsebrühe
500 g Kartoffeln
wenig Meersalz
½ TL Kümmelkörner
1 Zwiebel (40 g)
½ Karotte (50 g)
je ½ rote und grüne
Paprikaschote (à 60 g)
1 EL Diätmargarine (10 g)
1 EL gehackte Petersilie
60 g Hartweizengrieß
1 Eiklar (35 g)
frisch gemahlener
weißer Pfeffer
geriebene Muskatnuß
1 EL Sonnenblumenöl
(10 g)
1 l Gemüsebrühe
(siehe Rezept Seite 55)
1 EL Diätmargarine (10 g)

1. Die Hirse waschen, mit der Gemüsebrühe in einen Topf geben, 5 bis 10 Minuten kochen und anschließend am Herdrand etwa 20 Minuten nachquellen lassen.
2. Inzwischen die Kartoffeln waschen, schälen, in Stücke schneiden und in leicht gesalzenem Wasser mit den Kümmelkörnern garen.
3. Die Zwiebel und die Karotte schälen und in Würfel schneiden. Die Paprikaschoten waschen, von restlichen Kerngehäusen befreien und das Fruchtfleisch ebenfalls würfeln.
4. Die Margarine in einem Topf erhitzen, die Gemüsewürfel darin dünsten, bis sie fast gar sind, dann die gehackte Petersilie unterziehen.
5. Die gekochten Kartoffeln durch eine Presse in eine Schüssel drücken

und mit der Hirse, dem Grieß und dem Eiklar verrühren. Die Masse mit wenig Meersalz, Pfeffer und Muskatnuß abschmecken und etwa 5 Minuten zum Quellen beiseite stellen.
6. Ein Passiertuch mit dem Öl einfetten, die Kartoffelmasse darauf verteilen und mit dem Rollholz zu einem etwa ½ Zentimeter dicken Rechteck ausrollen.
7. Das Gemüse darauf verteilen und mit Hilfe des Tuches das Rechteck wie einen Strudel zusammenrollen. Das Passiertuch um die Rolle falten und an den Enden und im Abstand von etwa 2 Zentimetern mit stabilem Haushaltsgarn binden, so daß die Rolle hält.
8. Die Kartoffel-Hirse-Roulade mit dem Tuch in die leicht köchelnde Gemüsebrühe legen und etwa 1 Stunde garziehen lassen.
9. Die Roulade abkühlen lassen, auspacken und in 12 Scheiben schneiden. Diese nach Belieben in wenig Margarine goldgelb braten und jeweils drei Scheiben auf vier vorgewärmte Teller legen.
Dazu passen Erbsen französische Art (siehe Rezept Seite 130) und Salattrio in Karottenvinaigrette (siehe Rezept Seite 142).

284 kcal • 1191 kJ • 8 g F • 0,5 mg Chol • 45 g KH • 9 g E

BEILAGEN

Bei einer gesunden Ernährung sind Beilagen keine Nebensache, sondern sollten den Hauptgerichten in nichts nachstehen. Gemüse, Kartoffeln, Reis und andere Getreidesorten sowie ohne Eidotter zubereitete Teigwaren sind cholesterinfrei und bei sachgemäßer Zubereitung fett- und damit kalorienarm. Außerdem liefern diese Beigaben wertvolle Ballaststoffe und bei schonendem Garen reichlich Vitamine und sind nicht zuletzt ein attraktiver Blickfang.

Bei einigen Beilagen schlagen wir in den Rezepten vor, die Flüssigkeit mit einer Mehl-Margarine-Mischung zu binden. Ebenfalls cholesterinfrei und kalorienärmer sind pflanzliche Bindemittel, die der Reformkosthandel unter der Bezeichnung Nestargel oder Biobin anbietet. Die jeweiligen Packungsaufschriften geben Ihnen Auskunft darüber, welche Mengen Sie zum Binden einsetzen sollten.

Die Rezepte in diesem Kapitel zeigen verschiedene Beilagen von einer anderen, attraktiveren Seite. Natürlich sind Kartoffeln, als Pellkartoffeln oder in leicht gesalzenem Wasser als Salzkartoffeln gekocht oder mit fettarmer Milch zu einem lockeren Püree bereitet, sehr empfehlenswert, und ihre Zubereitung ist nicht gar zu zeitaufwendig.

Gemüse sollten Sie stets bißfest garen, denn nur so entfaltet sich sein Aroma optimal, und die Vitamine bleiben weitgehend erhalten. Für die in einigen Rezepten empfohlene Gemüsebrühe können Sie auch natriumarme Konzentrate aus dem Reformkosthandel einsetzen, oder Sie kochen eine größere Menge Gemüsebrühe vor und frieren sie portionsweise ein.

Römische Nocken

Zubereitungszeit:
ca. 20 Min.
Kühlzeit: ca. 2 Std.
Vorheizen des Backofens
auf 200° C
Backzeit: ca. 5 Min.

Für 4 Personen

½ l fettarme Milch
wenig Meersalz
geriebene Muskatnuß
100 g Maisgrieß oder
Hartweizengrieß
1 TL Diätmargarine für
das Blech (5 g)
1 TL gehackte, gemischte
Kräuter
1 Eiklar (35 g)
1 EL Sesam (10 g)

1. Die Milch in einem
Topf erhitzen und mit
wenig Meersalz und Mus-
katnuß würzen.
2. Den Maisgrieß auf einmal hineingeben und
unter Rühren etwa
5 Minuten kochen, dann
weitere 5 Minuten am
Herdrand quellen lassen.
3. Eine Kastenform mit
½ Teelöffel Margarine ausfetten, die Maisgrießmasse
mit den Kräutern mischen
und in die Form geben
(ca. 2 cm dick). Anschließend etwa 2 Stunden kalt
stellen.
4. Die Maisgrießmasse auf
eine Arbeitsplatte stürzen
und mit verschiedenen
Plätzchenausstechern For-
men ausstechen.
5. Diese auf ein gefettetes
Backblech legen, mit dem
Eiklar bestreichen und
Sesam darüberstreuen. Im
Ofen etwa 5 Minuten
goldgelb überbacken.

157 kcal • 655 kJ • 3 g F •
0 mg Chol • 25 g KH •
8 g E

Wilder Reis

Zubereitungszeit:
ca. 1 Std.

Für 4 Personen

160 g wilder Reis
¾ l Gemüsebrühe
(siehe Rezept Seite 55)
2 EL Diätmargarine (20 g)
wenig Meersalz
frisch gemahlener
weißer Pfeffer
1 Zweig Thymian

1. Den Reis gut waschen.
Mit ¼ Liter heißer Gemü-
sebrühe in einen Topf
geben und 10 bis 15 Minu-
ten vorquellen lassen.
2. 1 Eßlöffel Margarine in
einem zweiten Topf erhit-
zen, den Reis und die
Brühe dazugeben, mit
wenig Meersalz und Pfef-
fer würzen. Die restliche
Gemüsebrühe angießen.
3. Alles aufkochen lassen,
den Thymianzweig hin-
zufügen und am Herdrand
etwa 40 Minuten quellen
lassen. Zuletzt 1 Eßlöffel
Margarine daraufsetzen.

184 kcal • 772 kJ • 6 g F •
0 mg Chol • 30 g KH •
3 g E

Tip
Da wilder Reis recht teuer
ist, können Sie ihn mit
Vollkornreis mischen.
Dies ist auch optisch eine
Bereicherung.

Hirsotto mit Leinsamen

Zubereitungszeit:
ca. 10 Min.
Vorheizen des Backofens
auf 180° C
Garzeit im Ofen:
ca. 20 Min.

Für 4 Personen

120 g Hirse
4 EL Leinsamen (40 g)
½ Stange Lauch (40 g)
½ rote Paprika-schote (40 g)
1 EL Diätmargarine (10 g)
wenig Meersalz
4 Safranfäden
½ l Gemüsebrühe (siehe Rezept Seite 55)
1 TL Pinienkerne (6 g)

1. Die Hirse und den Leinsamen gut abspülen.
2. Den Lauch putzen, gut waschen und in Würfel schneiden. Die Paprikaschote waschen, von restlichen Kernen befreien und das Fruchtfleisch in Würfel schneiden.
3. Die Margarine in einem für das Garen im Ofen geeigneten Topf erhitzen, die Gemüsewürfel, die Hirse und den Leinsamen dazugeben und andünsten. Mit wenig Meersalz und den Safranfäden würzen.
4. Die Gemüsebrühe angießen, aufkochen lassen und den Topf auf die mittlere Schiene in den Ofen stellen. Das Hirsotto etwa 20 Minuten garen. Die Pinienkerne nach Belieben hacken und zuletzt unterziehen.

197 kcal • 825 kJ • 9 g F • 0 mg Chol • 23 g KH • 7 g E

Grünkernrisotto

Zubereitungszeit:
ca. 10 Min.
Vorheizen des Backofens
auf 180° C
Garzeit im Ofen:
ca. 15 Min.

Für 4 Personen

80 g Vollkornreis
80 g Grünkern
½ Zwiebel (20 g)
½ Karotte (40 g)
1 EL Diätmargarine (10 g)
wenig Meersalz
frisch gemahlener weißer Pfeffer
½ l Gemüsebrühe (siehe Rezept Seite 55)
1 TL gehackte Zitronen-melisse

1. Den Reis und den Grünkern gut waschen. Die Zwiebel und die Karotte schälen und in Würfel schneiden.
2. Die Margarine in einem für das Garen im Ofen geeigneten Topf erhitzen, die Zwiebel- und Karottenwürfel, den Reis und den Grünkern darin andünsten und mit wenig Meersalz und Pfeffer würzen.
3. Die Gemüsebrühe angießen, aufkochen lassen und den Topf auf die mittlere Schiene in den Ofen stellen. Das Risotto etwa 15 Minuten garen. Zuletzt die Melisse unterziehen.

168 kcal • 704 kJ • 4 g F • 0 mg Chol • 29 g KH • 5 g E

Variation
Eine Geschmacksvariante erreicht man durch Würzen mit Curry und Safran.

Tomatennudeln

Zubereitungszeit:
ca. 25 Min.
Ruhezeit: ca. 1 Std.

Für 4 Personen

Tomatenmus:
2 Tomaten (130 g)
½ Knoblauchzehe
½ Zweig Basilikum
1 EL Tomatenmark (10 g)

Nudelteig:
200 g Weizenmehl
Type 1050 oder
Weizenvollkornmehl
25 g Hartweizengrieß
2 Eiklar (70 g)
wenig Meersalz
geriebene Muskatnuß

außerdem:
1 TL Diätmargarine (5 g)

1. Die Tomaten waschen,
die grünen Stengelansätze
herausschneiden und die
Tomaten in kochendes
Wasser geben. Kurz kalt
abschrecken, häuten, die
Tomaten vierteln und die
Kerngehäuse entfernen.
2. Die Tomatenfilets mit
dem Knoblauch und dem
Basilikum in einen Topf
geben und unter ständi-
gem Rühren zu Mus
kochen. Den Knoblauch
und das Basilikum entfer-
nen und das Mus mit dem
Tomatenmark verrühren.
3. Das Mehl mit dem Hartweizengrieß mischen, auf
eine Arbeitsfläche geben
und in die Mitte ein Mulde
drücken. Das Tomaten-
mus, die Eiklare, wenig
Meersalz, Muskatnuß und
etwas Wasser hinein-
geben.

4. Alle Zutaten von innen
nach außen zu einem Teig
kneten. Diesen so lange
kneten, bis er geschmei-
dig ist. Anschließend in
Folie etwa 1 Stunde ruhen
lassen.
5. Den Nudelteig dünn zu
einem Rechteck ausrollen,
in etwa 1 Zentimeter
breite Streifen schneiden
und die Nudeln etwa 5
Minuten in reichlich Was-
ser bißfest kochen. Her-
ausnehmen und mit der
Margarine mischen.

209 kcal • 876 kJ • 2 g F •
0 mg Chol • 39 g KH •
9 g E

Tip
Schneiden Sie die Toma-
tennudeln mit einem Teig-
rädchen, dann erhalten
Sie eine noch attraktivere
Beilage.

Vollkorn-Kräuter-Spätzle

Zubereitungszeit:
ca. 30 Min.

Für 4 Personen

250 g Weizenvoll-
kornmehl
50 g Roggenmehl
Type 997
3 Eiklar (100 g)
geriebene Muskatnuß
wenig Meersalz
2 EL gehackte Kräuter
„Frankfurter Grüne Sauce"
(Pimpernelle, Borretsch,
Petersilie, Kerbel,
Sauerampfer, Melisse)
1 EL Diätmargarine (10 g)

1. Die Mehle mit den
Eiklaren, Muskatnuß,
wenig Meersalz und etwas
Wasser zu einem zähflüssi-
gen, geschmeidigen Teig
verarbeiten.

2. Den Teig mit dem Kochlöffel so lange schlagen, bis er Blasen wirft. Anschließend kurze Zeit ruhen lassen.
3. Inzwischen die Kräuter waschen, abzupfen, fein schneiden und unter den Spätzleteig rühren.
4. Den Teig mit einer Spätzlepresse in reichlich kochendes Wasser drükken und aufkochen lassen. Die Spätzle sind gar, wenn sie an die Oberfläche steigen.
5. Aus dem Wasser nehmen, abschrecken und auf einem Sieb abtropfen lassen.
6. Die Margarine in einer Pfanne erhitzen und die Spätzle darin schwenken.

239 kcal • 1003 kJ • 2 g F • 0 mg Chol • 44 g KH • 11 g E

Schwarze Nudeln

Zubereitungszeit:
ca. 15 Min.
Ruhezeit: ca. 1 Std.

Für 4 Personen

Teig:
1 Rezept Nudelteig (siehe Rezept „Tomatennudeln")

außerdem:
4 EL Tintenfischfarbe (Sepia; 40 g; in Fischfachgeschäften erhältlich)
1 TL Diätmargarine (5 g)

1. Den Nudelteig, wie im Rezept beschrieben, vorbereiten, nur das Wasser mit der Tintenfischfarbe mischen und statt der Tomaten dazugeben.
2. Den Teig kneten und etwa 1 Stunde abgedeckt ruhen lassen.

3. Die Nudeln, wie beschrieben, zubereiten, mit Margarine mischen.

200 kcal • 839 kJ • 2 g F • 0 mg Chol • 38 g KH • 8 g E

Safrannudeln

Zubereitungszeit:
ca. 15 Min.
Ruhezeit: ca. 1 Std.

Für 4 Personen

4 große Safranfäden

Teig:
1 Rezept Nudelteig (siehe Rezept „Tomatennudeln")

außerdem:
1 TL Diätmargarine (5 g)

1. Die Safranfäden in 1 Eßlöffel lauwarmem Wasser auflösen, bis es dunkelgelb gefärbt ist.
2. Den Nudelteig, wie im Rezept beschrieben, vorbereiten, nur das Safranwasser statt des Tomatenmuses in die Mulde geben.
3. Den Teig kneten, ruhen lassen und die Nudeln schneiden. Die Safrannudeln, wie beschrieben, bißfest garen und mit der Margarine mischen.

200 kcal • 839 kJ • 2 g F • 0 mg Chol • 38 g KH • 8 g E

Champignon-
kartoffeln

Zubereitungszeit:
ca. 35 Min.

Für 4 Personen

800 g Kartoffeln
¼ l Wasser
1 EL Sonnenblumenöl
(10 g)
wenig Meersalz
frisch gemahlener
weißer Pfeffer
geriebene Muskatnuß
1 TL Diätmargarine (5 g)
1 EL gehackte Petersilie

1. Die Kartoffeln
waschen, schälen und mit
einem Kugelausstecher
Kugeln ausstechen.
2. Diese wiederum mit
einem Apfelausstecher
etwa ½ Zentimeter tief
anstechen und den über-
stehenden Rand mit
einem Messer abschnei-
den, so daß die Kartoffeln
wie kleine Champignons
aussehen. Die Champi-
gnonkartoffeln in kochen-
dem Wasser blanchieren.
3. Das Öl in einer Pfanne
erhitzen, die Kartoffeln
hineingeben und goldgelb
braten. Mit wenig Meer-
salz, Pfeffer und Muskat-
nuß würzen.
4. Kurz bevor die Kartoffeln gar sind, die Marga-
rine dazugeben, einmal
aufschäumen lassen und
die Kartoffeln mit Petersilie bestreuen.

180 kcal • 752 kJ • 4 g F •
0 mg Chol • 31 g KH •
4 g E

Tip
Wenn Sie neue Kartoffeln
nur abbürsten und dann
mit Schale ausstechen,
erhalten Sie Kartoffeln,
die wie Steinpilzchampi-
gnons aussehen. Verblei-
bende Kartoffelreste kön-
nen Sie aufbewahren und
zu Püree verarbeiten.

Kartoffel-schiffchen

Zubereitungszeit:
ca. 25 Min.

Für 4 Personen

500 g gleichgroße
Kartoffeln
wenig Meersalz
$\frac{1}{8}$ l Wasser oder
Gemüsebrühe
(siehe Rezept Seite 55)
1 Zweig Majoran
1 EL Kaffeesahne 4 % Fett
(15 g)
geriebene Muskatnuß
frisch gemahlener
weißer Pfeffer
1 TL Sesam oder japani-
scher schwarzer Sesam
(4 g)

1. Die Kartoffeln schälen,
waschen und in zwei
gleich große Hälften
schneiden.
2. Die Kartoffelhälften mit
einem kleinen Messer zu
Schiffchen zuschneiden
und diese bis auf einen
etwa $\frac{1}{2}$ Zentimeter breiten Rand aushöhlen.
3. Die Kartoffelreste in
etwa $\frac{1}{8}$ Liter Wasser mit
wenig Meersalz und
$\frac{1}{2}$ Majoranzweig garen.
4. Die Kartoffelschiffchen
in dem Wasser oder der
Gemüsebrühe mit dem
restlichen Majoranzweig
bißfest garen.
5. Die Kartoffelreste durch
eine Kartoffelpresse drükken und mit Kaffeesahne,
wenig Meersalz, Muskat-
nuß und Pfeffer zu einer
geschmeidigen Masse
verarbeiten.

6. Den Sesam in einer
Pfanne leicht erwärmen
und einen Teil unter die
Kartoffelmasse heben. Die
Kartoffel-Sesam-Masse in
die inzwischen gegarten
Kartoffelschiffchen spritzen und mit dem restli-
chen Sesam bestreuen.

102 kcal • 425 kJ • 1 g F •
0 mg Chol • 20 g KH •
3 g E

Florentiner Kartoffelklöße

Zubereitungszeit:
ca. 50 Min.

Für 4 Personen

ca. 450 g Kartoffeln
wenig Meersalz
frisch gemahlener Pfeffer
geriebene Muskatnuß
200 g Blattspinat
4 EL Kartoffelmehl (40 g)
2 Eiklar (70 g)

1. Die Kartoffeln abbürsten und mit wenig Meersalz in wenig Wasser etwa 30 Minuten garen. Anschließend schälen (es müssen 400 g Kartoffeln sein) und noch warm durch die Kartoffelpresse drücken.
2. Die Kartoffelmasse mit wenig Meersalz, Pfeffer und Muskatnuß würzen.
3. Den Blattspinat putzen, die Blätter in kochendem Wasser blanchieren, ausdrücken und fein schneiden. Mit 3 Eßlöffeln Kartoffelmehl und den Eiklaren unter die Kartoffelmasse rühren.
4. Diese zu acht Klößen (à 70 g) formen und kurze Zeit ruhen lassen. Das restliche Kartoffelmehl mit wenig Wasser anrühren, in etwa 1 Liter leicht gesalzenes Wasser geben. Dieses aufkochen lassen und die Klöße etwa 10 Minuten ziehen lassen.

118 kcal • 490 kJ • 0 g F •
0 mg Chol • 24 g KH •
5 g E

Kartoffelzopf
mit Kerbel

Zubereitungszeit:
ca. 40 Min.
Vorheizen des Backofens
auf 180°C
Backzeit: ca. 5 Min.

Für 4 Personen

500 g Kartoffeln
wenig Meersalz
einige Kümmelkörner
geriebene Muskatnuß
1 TL Kaffeesahne 4 % Fett (5 g)
1 EL gehackter Kerbel
1 TL Diätmargarine für das Blech (5 g)
1 Eiklar (35 g)
1 TL Mohn (5 g)

1. Die Kartoffeln
waschen, abbürsten und
mit wenig Meersalz und
Kümmel in wenig Wasser
etwa 30 Minuten garen.
2. Die Kartoffeln pellen
und noch warm durch
eine Kartoffelpresse drükken. Die Masse mit wenig
Meersalz, Muskatnuß,
Kaffeesahne und Kerbel
verrühren.
3. Den Kartoffelteig in
einen Spritzbeutel mit
Sterntülle füllen und in
Form eines Zopfes auf
ein gefettetes Backblech
spritzen.
4. Den Kartoffelzopf mit
Eiklar bestreichen und
etwa 5 Minuten überbak-
ken. Zuletzt den Mohn
daraufstreuen.

107 kcal • 443 kJ • 1 g F •
0 mg Chol • 20 g KH •
4 g E

Kartoffelplätzchen mit roten Linsen

Zubereitungszeit:
ca. 40 Min.

Für 4 Personen

40 g rote Linsen
100 ml Wasser oder Gemüsebrühe (siehe Rezept Seite 55)
500 g Kartoffeln
einige Kümmelkörner
1 Zweig Thymian
1 Zweig Majoran
wenig Meersalz
geriebene Muskatnuß
frisch gemahlener weißer Pfeffer
1 Eiklar (35 g)
2 TL Kartoffelmehl (8 g)
1 EL Diätmargarine (10 g)

1. Die Linsen waschen, in dem Wasser oder der Gemüsebrühe einmal aufkochen und am Herdrand etwa 10 Minuten quellen lassen.
2. Die Kartoffeln waschen, abbürsten und mit dem Kümmel in wenig Wasser etwa 30 Minuten garen.
3. Inzwischen die Kräuterzweige waschen, die Blättchen abzupfen und fein schneiden.
4. Anschließend die Kartoffeln pellen und noch warm durch die Kartoffelpresse drücken. Die Masse mit wenig Meersalz, Muskatnuß und Pfeffer würzen und mit dem Eiklar, 1 Teelöffel Kartoffelmehl, den Kräutern und den Linsen gut verrühren.

5. Den Teig auf einer mit 1 Teelöffel Kartoffelmehl bestreuten Arbeitsfläche zu einer Rolle formen, deren Durchmesser dem eines Fünfmarkstückes entspricht. Die Rolle kurz ruhen lassen.
6. Die Kartoffelrolle in etwa 1 ½ Zentimeter dicke Scheiben schneiden und diese in Margarine von beiden Seiten goldgelb braten.

154 kcal • 640 kJ • 3 g F • 0 mg Chol • 26 g KH • 6 g E

Ratatouille

Zubereitungszeit:
ca. 30 Min.
Vorheizen des Backofens auf 200° C
Garzeit im Ofen:
ca. 20 Min.

Für 4 Personen

1 Zwiebel (40 g)
je ½ rote und gelbe Paprikaschote (à 60 g)
1 Zucchino (150 g)
½ Aubergine (150 g)
2 Tomaten (120 g)
1 EL Olivenöl (10 g)
wenig Meersalz
frisch gemahlener schwarzer Pfeffer
2 EL Tomatenmark (30 g)
¼ l Gemüsebrühe (siehe Rezept Seite 55)
1 Zweig Oregano
1 Zweig Thymian
2 Knoblauchzehen
1 TL gehackter Thymian
1 TL gehacktes Basilikum

1. Die Zwiebel schälen, vierteln und in Scheiben schneiden. Die Paprika waschen, von restlichen Kernen befreien und das Fruchtfleisch in Rauten schneiden.
2. Den Zucchino waschen, längs halbieren, das Kerngehäuse mit einem Teelöffel herauskratzen und das Fruchtfleisch in halbmondförmige Scheiben schneiden.
3. Die Aubergine waschen, längs vierteln und in Würfel schneiden. Die Tomaten waschen, die grünen Stengelansätze herausschneiden und die Tomaten in kochendem

Wasser blanchieren. Kurz kalt abschrecken, häuten, die Tomaten vierteln und die Kerne entfernen.
4. Das Olivenöl in einem für das Garen im Ofen geeigneten Topf erhitzen, die Zwiebel und die Paprika darin anbraten und mit wenig Meersalz und Pfeffer würzen. Das Tomatenmark dazugeben, die Gemüsebrühe angießen und die Kräuterzweige hinzufügen.
5. Den Topf in den Ofen stellen und alles etwa 5 Minuten schmoren lassen. Dann die Zucchinihalbmonde dazugeben und weitere 5 Minuten schmoren lassen.
6. Die Auberginenviertel hinzufügen und weitere 10 Minuten garen.
7. Inzwischen die Knoblauchzehen schälen, fein schneiden und mit dem gehackten Thymian und Basilikum mischen.
8. Das Ratatouillegemüse aus dem Ofen nehmen und mit Knoblauch, Thymian und Basilikum würzen. Kurz vor dem Servieren die Tomatenfilets dazugeben.

67 kcal • 281 kJ • 4 g F • 0 mg Chol • 6 g KH • 3 g E

Tip
Dieses Gemüse sollten Sie immer in der beschriebenen Reihenfolge garen, da sonst einige Gemüsesorten zu weich werden.

Erbsen
französische Art

Zubereitungszeit:
ca. 30 Min.

Für 4 Personen

1 Zwiebel (40 g)
1/2 Stange Lauch (50 g)
2 Scheiben roher
Schinken (80 g)
1 EL Sonnenblumenöl
(10 g)
500 g frische Erbsen
wenig Meersalz
frisch gemahlener
schwarzer Pfeffer
1 Stengel Bohnenkraut
1/8 l Gemüsebrühe
(siehe Rezept Seite 55)
2 EL Kaffeesahne 4 % Fett
(30 g)
1 TL gehackter Ysop
oder Estragon
1 TL fein gehackte
Petersilie

1. Die Zwiebel schälen
und in Würfel schneiden.
Den Lauch putzen,
waschen und in Scheiben
schneiden.
2. Den Schinken von Fetträndern befreien und
würfeln.
3. Das Sonnenblumenöl
in einem Topf erhitzen,
die Zwiebelwürfel darin
goldgelb anbraten, den
Lauch und die Schinken-
würfel dazugeben und mit
anbraten.
4. Die Erbsen waschen,
dazugeben und alles mit
wenig Meersalz und Pfef-
fer würzen. Das Bohnen-
kraut hinzufügen, die
Gemüsebrühe angießen
und etwa 15 Minuten
köcheln lassen.
5. Das Bohnenkraut herausnehmen und die
Kaffeesahne und die
gehackten Kräuter unter-
ziehen.

161 kcal • 675 kJ • 5 g F •
1 mg Chol • 15 g KH •
14 g E

Tip
Will man eine stärkere
Bindung erzielen, kann
man die Flüssigkeit mit
wenig Nestargel oder Bio-
bin (pflanzliche Bindemittel aus dem Reformhaus)
binden.

Brokkoli-
Romanesco-
Gemüse

Zubereitungszeit:
ca. 25 Min.

Für 4 Personen

300 g Brokkoli
300 g Romanesco
(grüner Blumenkohl)

1 Karotte (50 g)
1/2 Zwiebel (20 g)
2 EL Diätmargarine (20 g)
1/8 l Gemüsebrühe
(siehe Rezept Seite 55)
wenig Meersalz
gemahlener Pfeffer
geriebene Muskatnuß
1 Zweig Thymian
1 EL Sesam (10 g)

1. Die Brokkoli und den
Romanesco putzen, in
Röschen teilen und
waschen. Die Stiele des
Gemüses kreuzweise ein-
schneiden, dadurch ver-
ringert sich deren Garzeit.
2. Die Röschen in kochendem Wasser blanchieren
und kalt abschrecken.
3. Die Karotte und die
Zwiebel schälen und in
Würfel schneiden.
4. 1 Eßlöffel Margarine in
einem Topf erhitzen, die
Karotten- und Zwiebel-
würfel darin anbraten und

die Gemüsebrühe angießen. Dann die Brokkoli und die Romanescoröschen hinzufügen, mit wenig Meersalz, Pfeffer und Muskatnuß würzen. Den Thymianzweig dazulegen, den Topf verschließen und das Gemüse etwa 10 Minuten leicht köcheln lassen.
5. Die restliche Margarine in einer Pfanne erhitzen und den Sesam darin goldgelb rösten. Das Gemüse anrichten und mit dem Sesam überziehen.

86 kcal • 361 kJ • 5 g F • 0 mg Chol • 5 g KH • 5 g E

Chicorée-Rosenkohl-Auflauf

Zubereitungszeit: ca. 30 Min. Vorheizen des Backofens auf 180° C Garzeit im Ofen: ca. 35 – 40 Min.

Für 4 Personen

200 g Rosenkohl
1/8 l Gemüsebrühe
(siehe Rezept Seite 55)
1 Staude Chicorée (150 g)
1 Zwiebel (40 g)
4 Scheiben Lachsschinken (40 g)
2 EL Diätmargarine (20 g)
wenig Meersalz
gemahlener weißer Pfeffer
geriebene Muskatnuß
1 Prise Kümmelpulver
1 EL gehackte Petersilie
3 Eiklar (100 g)
100 ml fettarme Milch
1 Prise Kurkuma

1. Den Rosenkohl putzen, waschen, die Strünke kreuzförmig einschneiden und in der Gemüsebrühe blanchieren. Dann den Rosenkohl vierteln.
2. Den Chicorée waschen, halbieren, den Strunk keilförmig herausschneiden und die Staude in gleichmäßige dünne Scheiben schneiden.
3. Die Zwiebel schälen und würfeln, den Lachsschinken ebenfalls würfeln.
4. 1 Eßlöffel Margarine in einem Topf erhitzen, die Zwiebel- und Lachsschinkenwürfel darin anbraten, den Rosenkohl und den Chicorée dazugeben und wenige Minuten dünsten.
5. Mit wenig Meersalz, Pfeffer, Muskatnuß und Kümmel abschmecken und die Petersilie unterziehen.

6. Die Auflaufform mit der restlichen Margarine ausfetten, das Gemüse hineingeben. Die Eiklare mit der Milch und Kurkuma verquirlen und darübergießen.
7. Die Form in die mit heißem Wasser gefüllte Fettpfanne des Backofens stellen und den Auflauf 35 bis 40 Minuten abgedeckt garen.

105 kcal • 440 kJ • 6 g F • 0 mg Chol • 4 g KH • 9 g E

Tip
Diesen Auflauf können Sie auch als Hauptgericht servieren.

Lauch-Chinakohl-Gemüse

Zubereitungszeit:
ca. 25 Min.

Für 4 Personen

2 Stangen Lauch (200 g)
1 Kopf Chinakohl (250 g)
1 Zwiebel (40 g)
1 EL Sonnenblumenöl
(10 g)
wenig Meersalz
frisch gemahlener
weißer Pfeffer
1 Prise Currypulver
1/8 l Gemüsebrühe
(siehe Rezept Seite 55)
1 Stück Ingwerwurzel
je 1 TL gehackte Zitronenmelisse und Petersilie
1 EL Pinienkerne (10 g)

1. Den Lauch putzen, halbieren, gut waschen und
in etwa 3 Zentimeter
große Rauten schneiden.
2. Den Chinakohl putzen,
waschen, halbieren, den
Strunk keilförmig heraus-
schneiden und die Hälften
nochmals längs teilen. Die
Blätter ebenfalls in Rauten
schneiden. Die Zwiebel
schälen und würfeln.
3. Das Öl in einem Topf
erhitzen, die Zwiebelwür-
fel darin glasig braten, die
Lauch- und Chinakohlrau-
ten dazugeben und alles
gut andünsten. Mit wenig
Meersalz, Pfeffer und Currypulver würzen.
4. Die Gemüsebrühe
angießen und das Gemüse
bißfest garen.
5. Zuletzt etwas Ingwer
hineinreiben und die
Melisse und die Petersilie
unterziehen.
6. Die Pinienkerne ohne
Fettzugabe in einer Pfanne
rösten und über das
Gemüse streuen.

71 kcal • 300 kJ • 5 g F •
0 mg Chol • 4 g KH • 2 g E

Paprikagemüse mit Safran

Zubereitungszeit:
ca. 30 Min.

Für 4 Personen

1 Zwiebel (40 g)
je 1 grüne, rote und gelbe
Paprikaschote (à 150 g)
1 EL Olivenöl (10 g)
wenig Meersalz
frisch gemahlener
weißer Pfeffer
geriebene Muskatnuß
1 Msp. Safranpulver
1 Zweig Thymian
1/8 l Gemüsebrühe
(siehe Rezept Seite 55)
1 EL gemischte, gehackte
Kräuter

1. Die Zwiebel schälen
und in Würfel schneiden.
Die Paprikaschoten
waschen, halbieren, die
Kerngehäuse heraus-
schneiden und das Frucht-
fleisch in gleichmäßige
Rauten schneiden.
2. Das Olivenöl in einem
Topf erhitzen, die Zwie-
belwürfel darin goldgelb
braten, die Paprikarauten
dazugeben und kurze Zeit
mit anbraten.
3. Mit wenig Meersalz,
Pfeffer, Muskatnuß und
Safranpulver würzen. Den
Thymianzweig dazugeben
und die Gemüsebrühe
angießen.
4. Das Gemüse bißfest
garen und zuletzt die
Kräuter unterheben.

57 kcal • 237 kJ • 3 g F •
0 mg Chol • 4 g KH • 2 g E

Weiße und gelbe Rübchen

Zubereitungszeit:
ca. 30 Min.

Für 4 Personen

300 g weiße Rübchen
400 g kleine Karotten
mit Grün
2 EL Diätmargarine (20 g)
1 TL Honig (10 g)
frisch gemahlener
weißer Pfeffer
geriebene Muskatnuß
wenig Meersalz
¼ l Gemüsebrühe
(siehe Rezept Seite 55)
frisch gemahlener
weißer Pfeffer
1 EL gehackte Petersilie

1. Die weißen Rübchen
waschen, schälen, vierteln
und halbmondförmig
zuschneiden.
2. Die Karotten schälen
und das Grün bis auf
eine Länge von 3 Zenti-
metern abschneiden.
3. 1 Eßlöffel Margarine in
einem Topf erhitzen, den
Honig sowie Pfeffer, Mus-
katnuß und wenig Meer-
salz dazugeben und die
Hälfte der Gemüsebrühe
angießen.
4. Die weißen Rübchen
dazugeben und im offe-
nen Topf bißfest garen.
Die Karotten in der restlichen Brühe, mit wenig
Meersalz, Pfeffer und Muskatnuß bißfest garen.
5. Die Karotten abgießen
und mit der restlichen
Margarine und der Hälfte
der Petersilie mischen.
Die restliche Petersilie
unter die weißen Rübchen
ziehen und beide Gemüse
dekorativ nebeneinander
anrichten.

119 kcal • 496 kJ • 5 g F •
0 mg Chol • 15 g KH •
2 g E

Gedünstete Okraschoten

Zubereitungszeit:
ca. 35 Min.

Für 4 Personen

600 g Okraschoten
1 Zwiebel (40 g)
2 Tomaten (130 g)
2 Knoblauchzehen
wenig Meersalz
1 EL Olivenöl (10 g)
frisch gemahlener
schwarzer Pfeffer
1 Prise Chilipulver
geriebene Schale von ½
unbehandelten Zitrone
1 EL gehackte Petersilie

1. Die Okraschoten unter
fließendem Wasser gut
waschen. Etwa 3 Millime-
ter von jedem Stiel entfernen, dabei darf keine Flüssigkeit aus dem Samenge-
häuse austreten.
2. Die Zwiebel schälen
und in Würfel schneiden.
Die Tomaten waschen,
die grünen Stengelansätze
entfernen und die Toma-
ten in kochendes Wasser
geben. Kurz kalt abschrek-
ken, die Haut abziehen
und die Tomaten vierteln.
3. Die Knoblauchzehe
schälen und mit wenig
Meersalz zerdrücken.
4. Das Olivenöl in einem
Topf erhitzen, die Zwie-
belwürfel darin glasig braten, die Tomatenviertel,
den Knoblauch, Pfeffer
und Chilipulver dazuge-
ben und einige Minuten
köcheln lassen.
5. Dann die Okraschoten
hinzufügen und etwa
15 Minuten unter mehr-
maligem Wenden garen.
6. Vor dem Servieren die
Zitronenschale und die
Petersilie darunterziehen.

68 kcal • 282 kJ • 4 g F •
0 mg Chol • 6 g KH • 3 g E

SALATE

Ein frischer Salat sollte nach Möglichkeit jeden Tag Ihren Speisezettel bereichern. Sie können ihn beliebig zu Ihrem Hauptgericht, als Zwischenmahlzeit oder als erfrischenden Zusatz zu einer Brotvesper essen. Frische Salate liefern uns viele Vitamine und Ballaststoffe, auf deren Zufuhr der Körper täglich angewiesen ist.

Mit verschiedenen Kräutern, Vinaigrettes aus aromatischen Essig- und Ölsorten sowie leichten Joghurtdressings können Sie den Salatzutaten stets eine neue Geschmacksnote verleihen und sorgen gleichzeitig dafür, daß der Salat ein leichtes Eßvergnügen bleibt. Denn Mayonnaise enthält meist Eigelb und dadurch auch viel Cholesterin. Verwenden Sie bei der Zubereitung bevorzugt kalt gepreßte Öle, sie enthalten die lebensnotwendige Linolsäure und andere wertvolle Fettsäuren. Ein Tip zum Abnehmen: Essen Sie Ihren Salat vor dem Hauptgericht, das bringt eine schnellere Sättigung und erleichtert so das Kaloriensparen.

Tomaten provenzalische Art

Zubereitungszeit (ohne Zeit zum Abkühlen): ca. 30 Min.
Zeit zum Durchziehen: ca. 1 Std.

Für 4 Personen

8 Tomaten (560 g)
wenig Meersalz
frisch gemahlener weißer Pfeffer
1 Karotte (80 g)
½ Staude Bleichsellerie (100 g)
½ Stange Lauch (100 g)
1 Zwiebel (40 g)
4 Knoblauchzehen
1 EL Olivenöl (10 g)
2 EL Weinessig (20 g)
200 ml Gemüsebrühe (siehe Rezept Seite 55)
½ Bund Basilikum
½ Bund Petersilie
¼ Kopf Friséesalat

1. Die Tomaten waschen, die grünen Stengelansätze entfernen und die Tomaten in kochendem Wasser kurz blanchieren. Kalt abschrecken und die Haut abziehen. Die Tomaten halbieren.
2. Die Tomatenhälften auf die Schnittfläche in eine flache Auflaufform legen und mit wenig Meersalz und Pfeffer würzen.
3. Die Karotten, den Bleichsellerie und den Lauch putzen, waschen und in kleine Würfel schneiden. Die Zwiebel schälen und würfeln.
4. Die Knoblauchzehen schälen, mit dem Messer zerdrücken und mit dem Mus den Boden eines Topfes ausreiben.
5. Das Olivenöl dazugeben und erhitzen. Das gewürfelte Gemüse und die Zwiebelwürfel hinzufügen und alles leicht anbraten.

6. Den Weinessig und die Gemüsebrühe angießen und alles einmal aufkochen, anschließend abkühlen lassen. Eventuell nachwürzen.
7. Die frischen Kräuter waschen und fein hacken. Zum Gemüse geben und alles auf den Tomaten verteilen. Anschließend etwa 1 Stunde ziehen lassen.
8. Den Friséesalat putzen, waschen und trockenschleudern. Die Tomatenhälften auf den Blättern anrichten und mit der Gemüsemarinade überziehen.

79 kcal • 334 kJ • 4 g F • 0 mg Chol • 8 g KH • 3 g E

Lauch-Mais-Salat

Zubereitungszeit (ohne Zeit zum Abkühlen): ca. 35 Min.

Für 4 Personen

1 Stange Lauch (200 g)
1 Karotte (100 g)
1 EL Olivenöl (10 g)
2 Knoblauchzehen
wenig Meersalz
frisch gemahlener schwarzer Pfeffer
100 g frische, blanchierte oder TK-Maiskörner
1 Zweig Majoran
1 EL gehackte Petersilie
1 EL Obstessig (10 g)
1 Tomate (80 g)
1 Staude Chicorée (100 g)
4 Zweige Melisse

1. Den Lauch putzen, der Länge nach halbieren, gut waschen und anschließend in Scheiben schneiden. Die Karotte schälen und raspeln.
2. Das Olivenöl in einem Topf erhitzen, den Lauch und die Karotte darin

leicht anbraten. Den Knoblauch durch eine Presse dazudrücken und mit wenig Meersalz und Pfeffer würzen. Alles etwa 10 Minuten dünsten.
3. Kurz vor Ende der Garzeit den Mais dazugeben und kurz mit erwärmen, dann alles abkühlen lassen.
4. Die Majoranblättchen fein schneiden und mit der Petersilie und dem Obstessig zum Gemüse geben.
5. Die Tomate waschen, den grünen Stengelansatz herausschneiden und die Tomate vierteln. Das Kerngehäuse entfernen und das Fruchtfleisch in Streifen schneiden.
6. Den Chicorée waschen, den Strunk keilförmig herausschneiden und die Blätter auf eine Platte dekorieren. Den Lauch-Mais-Salat darauf anrichten und mit Tomatenstreifen und Melissenblättchen garnieren.

83 kcal • 350 kJ • 4 g F • 0 mg Chol • 10 g KH • 3 g E

Zucchini-Paprika-Salat

Zubereitungszeit: ca. 15 Min.
Zeit zum Durchziehen: ca. 10 Min.

Für 4 Personen

1 Zucchino (200 g)
je ½ rote und gelbe Paprikaschote (à 100 g)
2 Schalotten (60 g)
1 EL Obstessig (10 g)
1 EL kalt gepreßtes Olivenöl (10 g)
1 TL Senf (5 g)
wenig Meersalz
frisch gemahlener schwarzer Pfeffer
1 Zweig Thymian
1 Zweig Oregano
½ Bund Schnittlauch

1. Den Zucchino putzen, waschen und in dünne Scheiben schneiden. Die Paprikaschoten waschen, von den Kernen befreien und das Fruchtfleisch in Streifen schneiden.
2. Die Schalotte schälen, halbieren und in Scheiben schneiden und mit den Zucchinoscheiben und den Paprikastreifen mischen.
3. Den Obstessig, das Öl, den Senf, wenig Meersalz und Pfeffer zu einer Salatsauce verrühren. Die Blättchen der Kräuter fein hacken, den Schnittlauch in Röllchen schneiden und alles unter die Sauce rühren.
4. Das vorbereitete Gemüse mit einem Teil der Sauce mischen und etwa 10 Minuten ziehen lassen. Den Salat auf einem Teller anrichten und mit dem Rest der Vinaigrette überziehen.

54 kcal • 223 kJ • 4 g F • 0 mg Chol • 4 g KH • 2 g E

Brokkolisalat mit Pinienkernen

Zubereitungszeit:
ca. 30 Min.

Für 4 Personen

600 g Brokkoli
200 ml Gemüsebrühe
(siehe Rezept Seite 55)
1 Becher Magerjoghurt
(150 g)
2 EL saure Sahne (30 g)
2 EL Buttermilch
wenig Meersalz
1 kleines Stück frischer
Ingwer
frisch gemahlener
weißer Pfeffer
1 EL kalt gepreßtes
Sonnenblumenöl (10 g)
1 EL frische gehackte
Kräuter (Melisse, Peter-
silie, Schnittlauch)
2 EL Pinienkerne (20 g)
¼ Kopf Radicchio
4 Zweige Zitronenmelisse

1. Die Brokkoli in kleine Röschen teilen, waschen und abtropfen lassen.
2. Die Gemüsebrühe zum Kochen bringen und die Röschen bei mäßiger Hitze etwa 6 Minuten bißfest dünsten, herausnehmen und abkühlen lassen.
3. Den Joghurt mit der sauren Sahne und der Buttermilch verrühren und mit wenig Meersalz, wenig geriebenem Ingwer und Pfeffer abschmecken.
4. Das Sonnenblumenöl mit den Kräutern mischen und unter die Joghurtsauce rühren, dann die abgekühlten Brokkoliröschen vorsichtig unterheben und kurz durchziehen lassen.

5. Die Pinienkerne in einer Pfanne ohne Fettzugabe goldgelb rösten. Den Radicchiosalat putzen, waschen und trockenschleudern.
6. Den Brokkolisalat auf Radicchioblättern anrichten, die warmen Pinienkerne darüberstreuen und mit Zitronenmelisse garnieren.

126 kcal • 529 kJ • 7 g F •
3 mg Chol • 7 g KH • 8 g E

Variation von Spargel in Vinaigrette

Zubereitungszeit:
ca. 30 Min.

Für 4 Personen

je 400 g weißer und grüner Spargel
wenig Meersalz
1 EL Diätmargarine (10 g)
wenig Zitronensaft
2 Tomaten (160 g)
2 EL kalt gepreßtes Walnußöl (20 g)
3 EL Obstessig (30 g)
2 EL gemischte, gehackte Kräuter (Petersilie, Kerbel, Schnittlauch, Pimpernelle)
frisch gemahlener weißer Pfeffer
1 Kopf Friséesalat

1. Den Spargel waschen, vom Kopf zum Stiel hin dünn schälen und die holzigen Spargelenden abschneiden.
2. Reichlich Wasser, gewürzt mit wenig Meersalz, Diätmargarine und Zitronensaft zum Kochen bringen und den Spargel etwa 15 Minuten bißfest kochen und darin auskühlen lassen.
3. Die Tomaten waschen, die grünen Stengelansätze herausschneiden. Die Tomaten etwa 3 Sekunden in kochendes Wasser geben, dann kalt abschrecken. Die Haut abziehen, die Tomaten vierteln, die Kerngehäuse entfernen und das Fruchtfleisch in kleine Würfel schneiden.

4. Das Walnußöl mit dem Obstessig und den Kräutern verrühren und etwas kaltes Spargelwasser dazugeben. Mit wenig Meersalz und Pfeffer abschmecken, dann die Tomatenwürfel unterheben.
5. Den Friséesalat waschen, putzen und trockenschleudern. Den weißen und grünen Spargel auf dem Friséesalat anrichten und mit der Vinaigrette überziehen.

79 kcal • 327 kJ • 6 g F • 0 mg Chol • 5 g KH • 5 g E

Rosenkohlsalat in Kräutervinaigrette

Zubereitungszeit:
ca. 30 Min.

Für 4 Personen

600 g Rosenkohl
1 Zwiebel (40 g)
1 EL Sonnenblumenöl
(10 g)
wenig Meersalz
frisch gemahlener
schwarzer Pfeffer
100 ml Gemüsebrühe
(siehe Rezept Seite 55)
1 Eiklar von einem
gekochten Ei (35 g)
1 EL kalt gepreßtes Wal-
nußöl (10 g)
2 EL Obstessig (20 g)
1 Msp. gemahlener
Koriander
geriebene Muskatnuß
2 EL gemischte, gehackte
Kräuter (Petersilie,
Schnittlauch, Sauer-
ampfer, Zitronenmelisse)
4 Scheiben Lachsschinken
(40 g)
2 EL Weizenkeimlinge
(10 g), siehe dazu den
nebenstehenden Tip

1. Den Rosenkohl putzen,
waschen und den Stunk
jeweils kreuzförmig ein-
schneiden. Den Rosen-
kohl kurz blanchieren.
2. Die Zwiebel schälen
und in Würfel schneiden.
Das Sonnenblumenöl
erhitzen und die Zwiebel-
würfel darin glasig braten.
Den Rosenkohl dazuge-
ben, mit wenig Meersalz
und Pfeffer würzen, die
Gemüsebrühe angießen
und bißfest garen.
Anschließend abkühlen
lassen.
3. Das Eiklar in kleine
Würfel schneiden. Das
Walnußöl mit dem Obstes-
sig, dem Koriander und
Muskatnuß zu einer Sauce
verrühren, etwas Brühe
vom Rosenkohl, die
Eiklarwürfel und die Kräuter dazugeben.

4. Den noch lauwarmen
Rosenkohl unter die Sauce
heben und den Salat kurz
ziehen lassen. Auf vier
Tellern anrichten und mit
jeweils einer in Streifen
geschnittenen Scheibe
Lachsschinken und Wei-
zenkeimlingen garnieren.

145 kcal • 610 kJ • 7 g F •
0 mg Chol • 9 g KH •
12 g E

Tip
Weizenkeimlinge können
Sie leicht selber ziehen.
Weichen Sie Weizenkör-
ner etwa 12 Stunden in
Wasser ein, geben Sie sie
dann in eine Keimschale
und lassen sie 2 bis 3 Tage
bei 20 Grad Celsius kei-
men. Während des Keim-
prozesses müssen die
Sprossen 2mal täglich
gespült werden. Weizen-
sprossen bilden beim Kei-
men feine Faserwürzel-
chen, die nicht mit Schim-
mel zu verwechseln sind.
Der Keim sollte höchstens
so lang wie das Korn sein.

Blumenkohl-Romanesco-Salat

Zubereitungszeit:
ca. 20 Min.
Zeit zum Durchziehen:
ca. 10 Min.

Für 4 Personen

je 300 g Blumenkohl
und Romanesco
200 ml Gemüsebrühe
(siehe Rezept Seite 55)
1 Becher Magerjoghurt
(150 g)
2 EL saure Sahne (30 g)
2 EL Buttermilch (30 g)
wenig Meersalz
1 Stück frischer Ingwer
frisch gemahlener
weißer Pfeffer
1 EL kalt gepreßtes
Sonnenblumenöl (10 g)
1 TL Currypulver
2 Scheiben frische
Ananas (60 g)
1 TL Honig (10 g)
1 TL frische gehackte
Zitronenmelisse
¼ Kopf Radicchio
1 Zweig Zitronenmelisse

1. Den Blumenkohl und
den Romanesco in kleine
Röschen teilen, waschen
und abtropfen lassen.
2. Die Gemüsebrühe aufkochen und das Gemüse
bei mäßiger Hitze 6 bis
7 Minuten bißfest dün-
sten, herausnehmen und
abkühlen lassen.
3. Den Joghurt mit der
sauren Sahne und der But-
termilch verrühren und
mit wenig Meersalz, etwas
geriebenem Ingwer und
Pfeffer abschmecken.
4. Das Sonnenblumenöl
mit dem Currypulver ver-
rühren, dadurch verstärkt
sich das Aroma, und unter
die Joghurtsauce rühren.
5. Die frische Ananasscheibe schälen, halbie-
ren, den Strunk in der
Mitte herausschneiden
und das Fruchtfleisch in
Würfel schneiden.

6. Die Ananaswürfel, den
Honig und die gehackte
Melisse zur Sauce geben,
die Blumenkohl- und
Romanescoröschen unter-
heben und etwa 10 Minu-
ten durchziehen lassen.
7. Den Radicchiosalat
putzen, waschen und trok-
kenschleudern. Den Salat
auf den Blättern anrichten
und mit der Zitronenme-
lisse garnieren.

115 kcal • 483 kJ • 5 g F •
5 mg Chol • 11 g KH •
6 g E

Salattrio in Karottenvinaigrette

Zubereitungszeit:
ca. 20 Min.

Für 4 Personen

¼ Kopf Eisbergsalat
1 Kopf Radicchio
50 g Feldsalat
1 Karotte (80 g)
100 ml Gemüsebrühe
(siehe Rezept Seite 55)
1 Zwiebel (40 g)
2 EL kalt gepreßtes
Walnußöl (20 g)
3 EL Obstessig (30 g)
1 EL Schnittlauch,
in Röllchen
wenig Meersalz
frisch gemahlener
schwarzer Pfeffer
1 TL Senf (5 g)

1. Den Eisbergsalat und
den Radicchio in mundge-
rechte Stücke teilen,
waschen und gut trocken-
schleudern. Den Feldsalat
putzen, sehr gut waschen
und trockenschleudern.
2. Die Karotte waschen,
schälen, in kleine Würfel
schneiden und in der
Gemüsebrühe bißfest dün-
sten, anschließend die
Brühe und die Würfel aus-
kühlen lassen. Die Zwie-
bel schälen und in gleichmäßige Würfel schneiden.
3. Das Walnußöl mit dem
Obstessig, 5 Eßlöffeln kalter Gemüsebrühe und
dem Schnittlauch verrüh-
ren und mit wenig Meer-
salz, Pfeffer und Senf
abschmecken. Die Karot-
ten- und Zwiebelwürfel
dazugeben und kurz
durchziehen lassen.
4. Die Blattsalate mischen,
ebenfalls unter die Sauce
heben und den Salat
anrichten.

62 kcal • 261 kJ • 5 g F •
0 mg Chol • 2 g KH • 1 g E

Bleichsellerie-Fenchel-Rohkost

Zubereitungszeit:
ca. 20 Min.

Für 4 Personen

20 g Korinthen
Saft von 1 Orange
300 g Bleichsellerie
200 g Fenchelknolle
2 Tomaten (160 g)
2 EL Obstessig (20 g)
2 EL kalt gepreßtes
Sonnenblumenöl (20 g)
wenig Meersalz
frisch gemahlener
weißer Pfeffer
1 TL Senf (5 g)
1 Bund Schnittlauch
1 Kästchen Kresse

1. Die Korinthen gut
waschen und in dem
Orangensaft einlegen.
2. Den Sellerie putzen,
waschen und die Stangen
in dünne Scheiben schnei-
den. Die Fenchelknolle
halbieren, den Strunk entfernen und den Fenchel
in feine Streifen schnei-
den. Das Kraut hacken.
3. Die Tomaten waschen,
die grünen Stengelansätze
herausschneiden, die
Früchte vierteln, die Kerngehäuse entfernen und
das Fruchtfleisch in Streifen schneiden.
4. Den Obstessig mit dem
Sonnenblumenöl, wenig
Meersalz, Pfeffer und Senf
verrühren und mit dem
gehackten Fenchelkraut
und dem Schnittlauch
mischen.
5. Alle vorbereiteten Salatzutaten, auch die Korin-
then, unter die Kräuterma-
rinade heben, kurz durch-
ziehen lassen und mit
Kresse garnieren.

113 kcal • 473 kJ • 6 g F •
0 mg Chol • 13 g KH •
3 g E

Rote-Bete-Rohkost auf Eisbergsalat

Zubereitungszeit:
ca. 20 Min.
Zeit zum Durchziehen:
ca. 30 Min.

Für 4 Personen

4 rote Bete (500 g)
1 Apfel (120 g)
1 EL geriebener frischer
Meerrettich (15 g)
Saft von 1 Orange
Saft von ¼ Zitrone
1 EL kalt gepreßtes
Sonnenblumenöl (10 g)
wenig Meersalz
1 Prise Kardamom
frisch gemahlener
weißer Pfeffer
¼ Kopf Eisbergsalat
1 TL Sesam (5 g)

1. Die roten Bete waschen, schälen und grob raspeln. Den Apfel vierteln, das Kerngehäuse entfernen und ebenfalls grob raspeln.
2. Den Meerrettich mit dem Orangen- und dem Zitronensaft und dem Sonnenblumenöl verrühren und mit Meersalz, Kardamom und Pfeffer abschmecken.
3. Die Sauce vorsichtig mit den Rote-Bete- und Apfelraspeln mischen und alles etwa 30 Minuten ziehen lassen.
4. Inzwischen den Eisbergsalat putzen, waschen und trockenschleudern. Den Sesam kurz vor dem Servieren in einer Pfanne ohne Fettzugabe goldgelb rösten.
5. Die Rohkost auf dem Eisbergsalat anrichten und den noch warmen Sesam darüberstreuen.

122 kcal • 514 kJ • 4 g F • 0 mg Chol • 19 g KH • 3 g E

Spinat-Radicchio-Salat

Zubereitungszeit:
ca. 30 Min.

Für 4 Personen

200 g junger Blattspinat
1 Kopf Radicchio
1 Becher Magerjoghurt
(150 g)
2 EL Crème fraîche (20 g)
1 TL kalt gepreßtes
Olivenöl (5 g)
1 Prise gemahlener
Koriander
wenig Meersalz
frisch gemahlener
schwarzer Pfeffer
geriebene Muskatnuß
4 Knoblauchzehen
1 Zwiebel (40 g)
1 TL Olivenöl (5 g)
8 entsteinte schwarze
Oliven (40 g)

1. Den Spinat von den Stielen befreien, gut waschen und trockenschleudern. Die Radicchioblätter in mundgerechte Stücke teilen, waschen und ebenfalls trockenschleudern.
2. Den Joghurt mit der Crème fraîche und dem Olivenöl verrühren und mit Koriander, wenig Meersalz, Pfeffer und Muskatnuß abschmecken. Die Knoblauchzehen schälen und durch eine Presse in die Joghurtsauce drücken.
3. Die Zwiebel schälen, in Würfel schneiden und in dem Öl goldgelb braten.
5. Den Spinat und Radicchio mit den warmen Zwiebelwürfeln mischen und die Knoblauch-Joghurt-Sauce darunterziehen. Den Salat anrichten und mit Olivenvierteln garnieren.

104 kcal • 432 kJ • 8 g F • 7 mg Chol • 5 g KH • 4 g E

Kopfsalat „Mimosa"

Zubereitungszeit:
ca. 25 Min.

Für 4 Personen

1 fester Kopfsalat
2 Orangen (200 g)
1 Becher Magerjoghurt (150 g)
2 EL Crème fraîche (20 g)
1 EL kalt gepreßtes Walnußöl (10 g)
wenig Meersalz
frisch gemahlener weißer Pfeffer
wenig frisch geriebener Meerrettich
1 EL frische gehackte Minze
1 EL Mandelblättchen (6 g)
4 Zweige Kerbel

1. Die äußeren Blätter des Kopfsalats entfernen und den Kopf vierteln. Die Salatviertel mit Strunk waschen und zum Abtropfen auf ein Gitter legen.
2. Die Schale der Orangen oben und unten abschneiden, die Frucht aufrecht auf ein Brett stellen und die Schale samt der weißen Haut mit einem scharfen Messer großzügig von oben nach unten abschneiden. Nun jeweils an den Zwischenhäuten einschneiden, so daß man die einzelnen Filets herausnehmen kann. Die verbleibenden Teile mit der Hand auspressen (siehe dazu auch die Fotos Seite 45).
3. Die Filets klein schneiden und 8 Stücke als Garnitur zurückbehalten.
4. Den Joghurt mit der Crème fraîche, dem Orangensaft und dem Walnußöl verrühren und mit wenig Meersalz, Pfeffer, Meerrettich und Minze abschmecken.

5. Die Mandeln in einer Pfanne ohne Fettzugabe goldgelb rösten.
6. Den Strunk der Kopfsalatviertel entfernen, jeweils ein Viertel auf einem Teller anrichten, mit Salatsauce überziehen und mit jeweils 2 Orangenspalten, gerösteten Mandelblättchen und einem Kerbelzweig garnieren.

99 kcal • 413 kJ • 6 g F • 7 mg Chol • 8 g KH • 3 g E

Blattsalate mit Kartoffeldressing

Zubereitungszeit:
ca. 20 Min.

Für 4 Personen

1 Kartoffel (80 g)
einige Kümmelkörner
50 g Feldsalat
1 Kopf Radicchio
1/4 Kopf Eisbergsalat
1 Becher Magerjoghurt (150 g)
2 EL kalt gepreßtes Walnußöl (20 g)
1 TL mittelscharfer Senf (5 g)
2 EL Obstessig (20 g)
wenig Meersalz
frisch gemahlener weißer Pfeffer
geriebene Muskatnuß
1 Zweig Zitronenmelisse
1 Bund Schnittlauch
2 Knoblauchzehen
4 Radieschen (40 g)

1. Die Kartoffel waschen und mit etwas Kümmel und wenig Wasser garen.
2. Den Feldsalat putzen und gut waschen, den Radicchio- und den Eisbergsalat in mundgerechte Stücke schneiden, waschen und mit dem Feldsalat trockenschleudern.

3. Den Joghurt mit dem Walnußöl, dem Senf und dem Essig verrühren und mit wenig Meersalz, Pfeffer und einer kleinen Prise Muskatnuß abschmecken.
4. Die Blättchen der Zitronenmelisse abzupfen, fein schneiden, den Schnittlauch in Ringe schneiden, den Knoblauch schälen und fein hacken.
5. Die inzwischen gegarte Kartoffel schälen, mit einer Gabel zerdrücken und auskühlen lassen.
6. Die Kräuter, den Knoblauch und die Kartoffelmasse unter die Joghurtcreme mischen und die frischen Salatblätter vorsichtig unterheben. Den Salat anrichten und mit Radieschenscheiben garnieren.

82 kcal • 344 kJ • 5 g F • 0 mg Chol • 6 g KH • 3 g E

Eisberg-Fenchel-Salat

Zubereitungszeit:
ca. 25 Min.

Für 4 Personen

1 Karotte (80 g)
100 ml Gemüsebrühe (siehe Rezept Seite 55)
1 Zwiebel (40 g)
2 EL kalt gepreßtes Walnußöl (20 g)
3 EL Obstessig
wenig Meersalz
frisch gemahlener schwarzer Pfeffer
1 TL Senf (5 g)
1 EL Schnittlauch, in Röllchen
1/4 Eisbergsalat
1 Fenchelknolle (150 g)
1 Bund Radieschen (125 g)
nach Belieben 1 EL Sesam (10 g)

1. Die Karotte waschen, schälen, in kleine Würfel schneiden und diese in Gemüsebrühe bißfest garen. Anschließend die Würfel und die Brühe auskühlen lassen. Die Zwiebel schälen und in Würfel schneiden.
2. Das Walnußöl mit dem Obstessig und 4 Eßlöffeln kalter Gemüsebrühe verrühren, mit wenig Meersalz, Pfeffer, Senf und Schnittlauch abschmecken. Die Karotten- und Zwiebelwürfel dazugeben und kurz durchziehen lassen.
3. Den Eisbergsalat putzen, waschen, trockenschleudern und in Streifen schneiden. Den Fenchel putzen, waschen, halbieren, den Strunk herausschneiden. Den Fenchel in feine Streifen schneiden, das Fenchelkraut fein hacken und in die Vinaigrette geben.
4. Die Radieschen putzen, waschen, halbieren und in Scheiben schneiden. Alle Salatzutaten mischen, anrichten und die Karottenvinaigrette löffelweise darübergeben. Nach Belieben Sesam in einer Pfanne ohne Fettzugabe rösten und noch warm über den Salat streuen.

94 kcal • 392 kJ • 7 g F • 0 mg Chol • 5 g KH • 3 g E

DESSERTS UND GEBÄCK

Es muß nicht immer Sahne sein!

Nach einem guten Essen ist ein leichtes Dessert der ideale Abschluß – man fühlt sich nicht vollgestopft und für weitere Aktivitäten lahmgelegt, sondern angenehm gesättigt und leistungsfähig. Wir wollen Ihnen in diesem Kapitel einige Ideen für süße, kalorienarme Desserts zeigen, die Sie natürlich nach Belieben variieren können.

Gebäck ohne Eigelb zuzubereiten ist nicht einfach, und nicht jede Teigart läßt einen Austausch gegen Eiklar zu. Wir stellen Ihnen Gebäck aus all denjenigen Teigen vor, die sich nach unserer Erfahrung am besten zum Bakken ohne Eigelb eignen. Wenn Sie ab und an ein Stück eines mit dem vollen Ei gebackenen Kuchen essen, ist dagegen nichts einzuwenden, vorausgesetzt, ein ganzer Kuchen enthält nicht mehr als 3 Eigelbe, keine Butter, Sahne oder anderen cholesterinhaltigen Zutaten und wird in 16 Stücke geschnitten. Ein Stück enthält dann etwa 56 Milligramm Cholesterin (ein Stück Erdbeer-Sahne-Torte mit Biskuitteig liefert dagegen etwa 70 Milligramm Cholesterin pro Stück).

Orangen-Grapefruit-Salat mit Heidelbeernocken

Zubereitungszeit:
ca. 35 Min.

Für 4 Personen

2 Orangen (300 g)
1 helle Grapefruit (300 g)
1 rosa Grapefruit (300 g)
3 EL Fruchtzucker (45 g)
1 Msp. Zimt
1 Msp. frisch geriebener Ingwer
3 EL Heidelbeeren (30 g)
6 EL Magerquark (80 g)
12 Minzeblättchen
2 EL Pinienkerne (20 g)

1. Die Orangen und Grapefruits oben und unten abschneiden, aufrecht auf ein Brett stellen und mit einem scharfen Messer die Schale mit der weißen Haut abschneiden.

2. Nun mit einem Messer an den Zwischenhäuten bis zur Mitte einschneiden und die einzelnen Filets herauslösen (siehe dazu auch die Fotos Seite 55). Den Rest mit der Hand auspressen.

3. Die Orangen- und Grapefruitfilets mit Fruchtzucker, Zimt und geriebenem Ingwer mischen und kurze Zeit kühl stellen.

4. Die Heidelbeeren waschen, verlesen, mit dem Mixer pürieren und das Püree durch ein Haarsieb streichen.

5. Den Magerquark in einem Tuch ausdrücken, mit dem Heidelbeerpüree verrühren und ebenfalls kurz kalt stellen. Die Minze waschen und abtropfen lassen, die Pinienkerne ohne Fett in einer Pfanne goldgelb rösten.

6. Die Orangen- und Grapefruitfilets abwechselnd auf vier Tellern sternförmig anrichten und Minzeblättchen in die Mitte legen. Mit einem Teelöffel von dem Quark 12 Nocken abstechen und jeweils 3 ebenfalls in die Mitte setzen.

7. Zum Schluß ein wenig Saft über die Filets gießen und diese mit den Pinienkernen bestreuen.

200 kcal • 843 kJ • 4 g F •
0 mg Chol • 37 g KH •
5 g E

Rhabarber-Apfel-Grütze

Zubereitungszeit:
ca. 35 Min.

Für 4 Personen

¼ l trockener Weißwein
3 EL Fruchtzucker (45 g)
Saft von 1 Zitrone
½ Stange Zimt
¼ Vanilleschote
200 g Rhabarber
2 grüne Äpfel (200 g)
2 EL Speisestärke (20 g) oder 50 g Sago
eventuell wenig Süßstoff
80 g rote Johannisbeeren
4 Blatt Minze

1. Den Weißwein mit dem Fruchtzucker, dem Zitronensaft, der Zimtstange und der aufgeschnittenen Vanilleschote in einem Topf aufkochen lassen.

2. Den Rhabarber putzen, die Fäden abziehen und die Stangen in Rauten schneiden. Die Äpfel schälen, halbieren, die Kerngehäuse entfernen und das Fruchtfleisch in Spalten schneiden.

3. Nacheinander den Rhabarber und die Apfelspalten in dem Weißwein bißfest garen und herausnehmen. Anschließend die Zimtstange und die Vanilleschote entfernen.

4. Die Speisestärke mit etwas Wasser anrühren, zum Wein geben, aufkochen und binden lassen. Nimmt man Sago, so läßt man ihn im Wein so lange kochen, bis er glasig ist.

5. Eventuell mit Süßstoff abschmecken, dann die Rhabarberstücke und Apfelspalten unterheben.

6. Die Johannisbeeren waschen, bis auf vier Rispen die Beeren abstrei-

fen und unter die Grütze mischen. Diese in vier Gläser füllen und mit jeweils einer Rispe Johannisbeeren und frischer Minze garnieren.

150 kcal • 628 kJ • 0 g F • 0 mg Chol • 26 g KH • 1 g E

Waldbeerencup mit Sesam

Zubereitungszeit: ca. 30 Min.

Für 6 Personen

3 Blatt weiße Gelatine (6 g)
400 ml Buttermilch
4 EL Fruchtzucker (60 g)
geriebene Schale von ¼ unbehandelter Zitrone
1 EL Brombeeren (30 g)
1½ EL Heidelbeeren (30 g)

1 EL Himbeeren (30 g)
1 ½ EL rote Johannisbeeren (30 g)
1 EL gerösteter Sesam (10 g)
4 Minzeblättchen

1. Die Gelatine etwa 10 Minuten in kaltem Wasser einweichen. Die Buttermilch mit dem Fruchtzucker und der Zitronenschale verrühren.

2. Die Waldbeeren waschen, putzen und mit Küchenkrepp abtupfen. Die Johannisbeeren von den Rispen streifen.

3. Die Gelatine ausdrükken, in einen Topf geben und bei milder Hitze auflösen, nicht kochen lassen.

4. Die Buttermilch unter die warme Gelatine rühren, nicht umgekehrt, dann die Waldbeeren unterheben, die Creme leicht anstocken lassen und in vier Weingläser fül-

len. Geschieht dies vor dem Stocken, setzen sich die Waldbeeren am Glasboden ab.

5. Den Waldbeerencup mit Sesam bestreuen und mit einem Minzeblatt und eventuell mit einigen Beeren garnieren.

83 kcal • 345 kJ • 1 g F • 3 mg Chol • 15 g KH • 4 g E

Tip
Man kann auch jede einzelne Beerensorte extra mit Buttermilch anrühren und zum Schluß schichtweise als Cup anrichten.

Hirseflan auf Mangosauce

Zubereitungszeit:
ca. 30 Min.
Vorheizen des Backofens
auf 200° C
Backzeit: ca. 35 Min.

Für 4 Personen

Flan:

7 EL Hirse (70 g)
¼ l ungezuckerter Apfelsaft
4 EL Diätmargarine (40 g)
3 Eiklar (100 g)
2 EL Fruchtzucker (30 g)
1 Msp. Zimt
1 Msp. Anispulver
1 EL Kakaopulver (5 g)
geriebene Schale von ½ unbehandelten Zitrone
wenig geriebener frischer Ingwer
2 EL gemahlene Haselnüsse (10 g)
1 TL Diätmargarine (5 g) für die Förmchen
1 EL Semmelbrösel (20 g)

Sauce:

½ Mango (100 g)
2 EL Magerjoghurt (20 g)
2 EL Brombeeren (30 g)
2 EL Himbeeren (40 g)
8 Erdbeeren (40 g) (frische Beeren oder TK-Beeren)
4 Minzeblättchen

1. Die Hirse waschen, mit dem Apfelsaft in einen Topf geben und etwa 10 Minuten kochen, an den Herdrand stellen, weitere 20 Minuten ausquellen, dann auskühlen lassen.
2. Inzwischen die Margarine schaumig schlagen, 1 Eiklar dazugeben und unterrühren, den Fruchtzucker nach und nach hineinrühren.
3. Zimt, Anis, Kakaopulver, Zitronenschale und geriebenen Ingwer, dann die Haselnüsse und die Hirse unterheben.
4. Vier Portionsförmchen (ca. 9 cm Ø) ausfetten und mit Semmelbröseln ausstreuen.
5. Die restlichen zwei Eiklare zu Schnee schlagen und unter die Hirsemasse heben. Diese in die Förmchen füllen, in die mit heißem Wasser gefüllte Fettpfanne des Ofens stellen und etwa 35 Minuten backen. Nach der Hälfte der Garzeit abdecken.
6. Die Haut der Mango mit einem scharfen Messer mehrmals von oben nach unten einritzen und abziehen, den Kern herausschneiden.
7. Das Fruchtfleisch im Mixer pürieren und mit dem Joghurt verrühren. Die Beeren putzen und waschen.
8. Das Mangopüree auf vier Teller geben, je einen Hirseflan daraufstürzen und mit Beeren und Minze garnieren.

223 kcal • 934 kJ • 12 g F • 0 mg Chol • 24 g KH • 6 g E

Tip
Sie können die Hirsemasse auch in einer Ringform (Savarinring) backen und die Beeren in die Mitte geben.

Grießflammeri auf Rhabarber

Zubereitungszeit:
ca. 30 Min.

Für 4 Personen

2 EL Korinthen (40 g)
400 ml fettarme Milch
6 EL Hartweizengrieß (60 g)
2 EL Fruchtzucker (30 g)
Schale von je 1 unbehandelten Zitrone und Orange
2 Eiklar (70 g)
200 g Rhabarber
1 Msp. gemahlene Anisblüte
1 Msp. Zimt
2 EL Fruchtzucker (30 g)
1 EL grob gehackte Zitronenmelisse
4 Zweige Zitronenmelisse

1. Die Korinthen gut waschen und in lauwarmem Wasser kurz einweichen.
2. Die Milch in einem Topf aufkochen lassen, den Grieß hineinstreuen und 10 bis 15 Minuten unter ständigem Rühren ausquellen lassen.
3. Mit dem Fruchtzucker und der Zitronenschale verrühren und die Korinthen dazugeben.
4. Die Eiklare zu festem Schnee schlagen und unter die heiße Grießmasse heben. Eine Puddingform (ca. 1 l Inhalt) mit kaltem Wasser ausspülen, die Grießmasse hineinfüllen und kalt stellen.
5. Den Rhabarber putzen, die Fäden abziehen und die Stangen in Rauten schneiden. Mit Anis, Zimt und Fruchtzucker und etwas Wasser in einen Topf geben und kurz bißfest dünsten. Abkühlen lassen und die gehackte Zitronenmelisse darunterziehen.
6. Den Rhabarber auf einen großen Teller oder eine Platte geben, den Grießflammeri daraufstürzen und mit Melisseblättchen garnieren.

180 kcal • 749 kJ • 0 g F • 0 mg Chol • 37 g KH • 8 g E

Fürst-Pückler-Joghurt mit Mohnsauce

Zubereitungszeit:
ca. 1 Std.

Für 4 Personen

Cremes:

500 g Magerjoghurt

2 EL Fruchtzucker (30 g)

4 ½ Blätter weiße
Gelatine (9 g)

1 EL ungesüßtes Kakaopulver (10 g)

1 TL gemahlene Haselnüsse, Mandeln oder
andere Sorten (5 g)

1 Msp. Zimt

¼ Vanilleschote
geriebene Schale von ⅛
unbehandelter Zitrone

50 g Erdbeeren

Sauce:

200 ml fettarme Milch

1 EL Vanillepuddingpulver (10 g)

2 EL Mohn (20 g)

4 Blättchen Zitronenmelisse

1. Den Magerjoghurt mit dem Fruchtzucker glattrühren. Daraus werden drei verschiedene Cremes zubereitet. Dafür teilt man den Joghurt in drei Teile, zwei zu je 180 Gramm, für die Schoko- und Vanilleschicht, und einen zu 140 g für die Erdbeerschicht.

2. Die Gelatine in kaltem Wasser einweichen. 180 Gramm Magerjoghurtcreme mit dem Kakaopulver, den Nüssen und dem Zimt verrühren.

3. 1 ½ Blatt Gelatine ausdrücken, in einen Topf geben und bei schwacher Hitze auflösen.

4. Die Schoko-Joghurt-Masse unter die Gelatine rühren, alles in eine gekühlte Terrinenform (ca. ¾ l Inhalt) füllen und kalt stellen.

5. die Vanilleschote aufschneiden, das Mark herauskratzen und mit weiteren 180 Gramm Joghurtcreme und der Zitronenschale verrühren.

6. Weitere 1 ½ Blatt Gelatine ausdrücken, in einem Topf auflösen und die Vanillecreme unterziehen. Diese als zweite Schicht auf die feste Schokoschicht gießen. Wiederum kalt stellen.

7. Die Erdbeeren waschen, putzen, im Mixer pürieren und mit der restlichen Joghurtcreme (140 g) mischen.

8. Die restlichen 1 ½ Blatt Gelatine ausdrücken, auflösen und die Erdbeercreme unterziehen. Diese als dritte Schicht auf die feste Vanilleschicht gießen und die Form in den Kühlschrank stellen.

9. Die Milch in einem Topf erhitzen, das Puddingpulver mit wenig kalter Milch anrühren, in die kochende Milch gießen und unter Rühren cremig binden lassen. Den Mohn hineinrühren.

10. Den Fürst-Pückler-Riegel aus der Form stürzen und in acht gleichmäßige Scheiben schneiden.

Jeweils einen Spiegel Vanille-Mohn-Sauce auf vier Teller gießen, je zwei Scheiben Fürst-Pückler-Joghurt darauflegen und mit Zitronenmelisse garnieren.

151 kcal • 628 kJ • 3 g F •
0 mg Chol • 20 g KH •
11 g E

Tip

Wichtig ist, die Joghurtmasse immer in die Gelatine zu rühren, nie umgekehrt. Man kann, wenn man nur wenig Zeit hat, auch nur eine Joghurtmasse zubereiten. Wenn man die Joghurtcreme in vier Gläsern anrichten und nicht stürzen will, rechnet man auf 1 Kilogramm Joghurt 6 Blatt Gelatine (12 g).

Joghurt-Beeren-Eis

Zubereitungszeit:
ca. 25 Min.

Für 4 Personen

100 g Erdbeeren
100 g Himbeeren
50 g rote Johannisbeeren
Saft von ¼ Zitrone
5 EL Magerjoghurt (100 g)
4 EL Fruchtzucker (60 g)
2 EL Magerquark (60 g)
4 Borretschblüten

1. Die Erdbeeren und die Himbeeren waschen, mit Küchenkrepp abtupfen und verlesen. Die Johannisbeeren waschen und von den Rispen streifen. Einige Beeren zum Garnieren beiseite legen.
2. Die Beeren mit dem Zitronensaft in einem Mixer pürieren und das Püree durch ein Haarsieb streichen.
3. Den Joghurt mit dem Fruchtzucker verrühren und das Beerenpüree unterheben.
4. Den Magerquark cremig rühren und vorsichtig unter die Beeren-Joghurt-Mischung ziehen.
5. Die Joghurtmasse in eine Edelstahlschüssel geben und diese in das Tiefkühlfach stellen. Von Zeit zu Zeit kräftig durchschlagen.
6. Ist die Masse gefroren, mit einem Eisportionierer Kugeln abstechen und in vier gekühlte Gläser geben. Mit einigen Beeren und je einer Borretschblüte garnieren.

102 kcal • 425 kJ • 0 g F • 0 mg Chol • 21 g KH • 4 g E

Quarksoufflés auf Fruchtsauce

Zubereitungszeit:
ca. 15 Min.
Vorheizen des Backofens
auf 180°C
Backzeit: ca. 20 – 25 Min.

Für 4 Personen

Soufflés:

¹⁄₄ Vanilleschote

1 EL ungesalzene
Pistazienkerne

250 g Magerquark

2 TL Kartoffelstärke (6 g)

geriebene Schale von

¹⁄₂ unbehandelten Zitrone

1 Msp. Zimt

2 EL Fruchtzucker (30 g)

3 Eiklar (100 g)

1 Apfel (100 g)

¹⁄₂ Birne (60 g)

1 EL Diätmargarine für die
Förmchen (10 g)

Sauce:

250 g Erdbeeren oder
Heidelbeeren

1 EL Fruchtzucker (15 g)

4 Zweige Zitronenmelisse

1. Die Vanilleschote aufschneiden und das Mark
herauskratzen. Die Pista-
zien fein hacken.
2. Den Magerquark mit
der Stärke zu einer
geschmeidigen Masse ver-
rühren. Das Vanillemark,
die Pistazien, die Zitro-
nenschale, Zimt, Frucht-
zucker und 1 Eiklar unter-
mischen.
3. Den Apfel und die
Birne waschen, schälen
und das Fruchtfleisch würfeln. Ebenfalls unter die
Quarkmasse heben.

4. Zwei Eiklare zu festem
Schnee schlagen und vor-
sichtig unter die Quark-
Obst-Masse heben.
5. Vier Souffléförmchen
(ca. 9 cm Ø) einfetten, die
Masse hineingeben und
die Förmchen in die mit
heißem Wasser gefüllte
Fettpfanne des Ofens stellen. Die Soufflés 20 bis
25 Minuten backen. Die
Ofentür währenddessen
nicht öffnen, sonst fallen
die Soufflés zusammen.
6. Inzwischen die Beeren
waschen, putzen und im
Mixer pürieren. Mit dem
Fruchtzucker süßen.
7. Die Sauce auf vier Teller geben. Die Quarksoufflés vorsichtig in die Hand
stürzen und sofort umdre-
hen und auf die Frucht-
sauce setzen. Mit Zitronenmelisse garnieren.

192 kcal • 805 kJ • 4 g F •
1 mg Chol • 27 g KH •
12 g E

Tip
Soufflés muß man rasch
servieren, da sie leicht
zusammenfallen. Sie kön-
nen die Soufflés auch auf
drei Fruchtsaucen servie-
ren, die aus ¹⁄₂ Mango,
80 Gramm Erdbeeren und
80 Gramm Heidelbeeren
zubereitet und neben-
einander auf einen Teller
gegeben werden.

Nocken von Topfen auf Sauerkirschen

Zubereitungszeit:
ca. 15 Min.
Zeit zum Quellen:
ca. 30 Min.

Für 6 Personen

Nocken:

¹⁄₄ Vanilleschote

400 g Magerquark

3 EL Vollkornweizen-
grieß (30 g)

3 EL Fruchtzucker (45 g)

geriebene Schale von

1 unbehandelten Zitrone

2 Eiklar (70 g)

1 l Wasser oder
Apfelsaft

Sauce:

300 g frische oder
TK-Sauerkirschen

1 TL Diätmargarine (5 g)

1 EL Fruchtzucker (15 g)

100 ml Kirschsaft

1 Msp. Zimt

1 Msp. Anispulver

1 TL Speisestärke (5 g)

außerdem:

1 EL gerösteter
Sesam (10 g)

1 EL Mohn (10 g)

1 EL gehackte ungesalzene
Pistazien (10 g)

1. Die Vanilleschote aufschneiden und das Mark
herauskratzen. Den Mager-
quark in einem Tuch aus-
drücken und durch ein
Haarsieb streichen.
2. Den Quark mit dem
Vanillemark, dem Voll-
kornweizengrieß, Frucht-
zucker und Zitronen-
schale verrühren. Die
Eiklare zu Schnee schla-
gen und unterziehen.

3. Die Quarkmasse etwa
30 Minuten quellen las-
sen. 1 Liter Wasser oder
Saft aufkochen lassen, von
der Quarkmasse mit zwei
Eßlöffeln 18 Nocken
abstechen und diese in
der Flüssigkeit etwa
15 Minuten ziehen, nicht
kochen lassen.
4. Inzwischen die Sauerkirschen waschen und
entsteinen. Die Margarine
in einem Topf erhitzen,
den Fruchtzucker und die
Sauerkirschen dazugeben
und den Kirschsaft
angießen.
5. Mit Zimt und Anispulver abschmecken. Die
Stärke mit wenig Wasser
anrühren, dazugeben und
die Flüssigkeit unter Rühren binden.
6. Die Quarknocken mit
einem Schaumlöffel aus
dem Wasser nehmen und
abtropfen lassen. Je vier
Nocken in Sesam, Mohn
und Pistazien wälzen.
7. Die Kirschen auf sechs
vorgewärmte Teller verteilen und jeweils eine
Sesam-, Mohn- und Pista-
ziennocke sternförmig
darauf anrichten.

183 kcal • 767 kJ • 4 g F •
1 g Chol • 25 g KH •
13 g E

Apfelkuchen mit Mandelhaube

Zubereitungszeit:
ca. 50 Min.
Vorheizen des Backofens
auf 180° C
Backzeit: ca. 40 Min.

Für 16 Stücke

Teig:

60 g Diätmargarine
2 EL Fruchtzucker (30 g)
2 Eiklar (70 g)
1 EL Rum (1,5 cl)
4 EL gehackte Mandeln (40 g)
1 TL Backpulver (5 g)
175 g Weizenmehl Type 405 oder Weizenvollkornmehl
1 TL Diätmargarine (5 g) für die Form

Belag:

1 ½ EL Vanillepuddingpulver (15 g)
¼ l fettarme Milch
1 EL Fruchtzucker (15 g)
6 EL Rosinen (120 g)
1 EL Rum (1,5 cl)
750 g Äpfel
1 Prise Zimt
3 Eiklar (100 g)
1 EL Fruchtzucker (15 g)
4 EL Mandelblättchen (40 g)

1. Die Margarine schaumig rühren und nach und nach den Fruchtzucker, die Eiklare, den Rum und die gehackten Mandeln dazugeben.

2. Das Backpulver mit dem Mehl mischen, mit der Masse zu einem geschmeidigen Teig kneten und diesen abgedeckt etwa 30 Minuten in den Kühlschrank stellen.

3. Das Puddingpulver mit wenig Milch anrühren, die restliche Milch in einem Topf erhitzen und das angerührte Puddingpulver hineingeben. Aufkochen und binden lassen, mit Fruchtzucker süßen und auskühlen lassen.

4. Die Rosinen waschen, abtropfen lassen und in Rum einlegen. Die Äpfel schälen, vierteln, die Kerngehäuse herausschneiden und das Fruchtfleisch in gleichmäßige Spalten schneiden.

5. Die Äpfel mit den Rosinen und dem Zimt mischen.

6. Den Teig ausrollen und eine gefettete Springform (28 cm Ø) damit auslegen. Den Boden mit Vanillepudding bestreichen. Die Äpfel und Rosinen daraufgeben, die Äpfel fächerförmig legen. Den Kuchen etwa 30 Minuten backen.

7. Inzwischen die drei Eiklare mit dem Fruchtzucker zu steifem Schnee schlagen und die Mandelblättchen und 1 Prise Zimt unterheben.

8. Den Kuchen nach 30 Minuten aus dem Ofen nehmen, die Eischneemasse daraufstreichen und alles weitere 10 Minuten backen.

Pro Stück:
186 kcal • 777 kJ • 8 g F •
0 mg Chol • 25 g KH •
4 g E

Mandel-Kirsch-Kuchen

Zubereitungszeit:
ca. 50 Min.
Vorheizen des Backofens
auf 180° C
Backzeit: ca. 40 Min.

Für 16 Stücke

Teig:

6 EL Diätmargarine (60 g)
2 EL Fruchtzucker (30 g)
2 Eiklar (70 g)
4 EL gehackte Mandeln
(40 g)
1 TL Backpulver (5 g)
175 g Weizenmehl
Type 405
1 TL Diätmargarine (5 g)
für die Form

Belag:

2 EL Speisestärke (20 g)
¼ l ungesüßter Kirschsaft
5 EL Fruchtzucker (75 g)
Süßstoff nach Belieben
500 g entsteinte Sauer-
kirschen aus dem Glas
100 g Weizenvoll-
kornmehl
70 g Diätmargarine
4 EL gemahlene Mandeln
(40 g)
2 EL Fruchtzucker (30 g)
1 Msp. Zimt

1. Die Margarine schaumig rühren und nach und
nach den Fruchtzucker,
die Eiklare und die Man-
deln dazugeben.
2. Das Backpulver mit
dem Mehl mischen, unter
die Masse kneten und den
Teig etwa 15 Minuten kalt
stellen.

3. Die Speisestärke mit
etwas Kirschsaft anrühren,
den Rest des Saftes mit
dem Fruchtzucker in
einem Topf aufkochen las-
sen und eventuell mit
wenig Süßstoff nach-
süßen.
4. Die angerührte Stärke
zum Kirschsaft geben, aufkochen lassen, die Sauer-
kirschen dazugeben, ein-
mal aufkochen und dann
etwas abkühlen lassen.
5. Den Teig ausrollen und
eine gefettete Springform
(28 cm Ø) damit aus-
legen. Mit den leicht
gekühlten Sauerkirschen
belegen.
6. Aus dem Vollkorn-
mehl, der Margarine, den
Mandeln, Fruchtzucker
und Zimt Streusel herstel-
len. Diese gleichmäßig auf
den Kirschen verteilen
und den Kuchen etwa 40
Minuten backen.

Pro Stück:
231 kcal • 966 kJ • 11 g F •
0 mg Chol • 30 g KH •
4 g E

Pistazien-Erdbeer-Kuchen

Zubereitungszeit:
ca. 40 Min.
Vorheizen des Backofens
auf 180° C
Backzeit: ca. 20 Min.

Für 12 Stücke

Teig:
6 EL Diätmargarine (60 g)
2 EL Fruchtzucker (30 g)
2 Eiklar (70 g)
5 EL gehackte ungesalzene
Pistazien (40 g)
175 g Weizenmehl
Type 405
1 TL Backpulver (5 g)
1 TL Diätmargarine (5 g)
für die Form

Belag:
750 g Erdbeeren
1 Päckchen ungesüßter
roter Tortenguß (11 g)
1 EL Fruchtzucker (15 g)
¼ l Fruchtsaft von Erd-
beeren od. roten Trauben

außerdem:
4 EL Schlagschaum mit
Milch aufgeschlagen –
Sahneersatz (80 g)
12 ungesalzene Pistazien-
kerne (10 g)

1. Die Margarine mit dem
Fruchtzucker schaumig
schlagen, nach und nach
das Eiklar unterrühren
und die gehackten Pista-
zien dazugeben.
2. Drei Viertel des Wei-
zenmehls unter die Masse
rühren und kräftig schla-
gen. Das andere Viertel
mit dem Backpulver
mischen und zuletzt
unterheben.
3. Eine Spring- oder Tor-
tenbodenform (28 cm Ø)
ausfetten und den Teig
einfüllen. Den Kuchen
etwa 20 Minuten backen,
herausnehmen, auf eine
Kuchenplatte stürzen.
4. Inzwischen die Erdbeeren waschen, putzen und
gleichmäßig auf dem Tor-
tenboden verteilen.

5. Den Tortenguß mit
dem Fruchtzucker
mischen, mit dem Saft aufkochen und noch warm
über die Erdbeeren geben.
6. Den Erdbeerkuchen
abkühlen lassen und mit
12 Schlagschaumrosetten
und Pistazienkernen ver-
zieren.

179 kcal • 749 kJ • 8 g F •
0 mg Chol • 21 g KH •
5 g E

Pflaumenbuchteln mit Pistaziensauce

Zubereitungszeit:
ca. 1 Std.
Vorheizen des Backofens
auf 180°C
Backzeit: ca. 20 – 25 Min.

Für 4 Personen

Teig:
80 ml fettarme Milch
10 g frische Hefe
160 g Weizenmehl
Type 405
1 EL Fruchtzucker (15 g)
3 EL Diätmargarine (30 g)
wenig Meersalz
geriebene Schale von ½
unbehandelten Zitrone
1 Eiklar (35 g)

Füllung:
6 getrocknete Pflaumen

außerdem:
1 EL Diätmargarine (10 g)
für die Form
200 ml fettarme Milch

Sauce:
1 ½ EL Vanillepudding-
pulver (15 g)
300 ml fettarme Milch
3 EL gehackte ungesalzene
Pistazien
4 Johannisbeerrispen

1. Die Milch erwärmen
und die Hefe darin auf-
lösen. Das Mehl in eine
Schüssel sieben und in die
Mitte eine Mulde drücken.
2. Alle Teigzutaten und
die Hefemilch hineinge-
ben und von der Mitte aus
zu einem geschmeidigen
Teig kneten.
3. Den Teig mit etwas
Mehl bestäuben und zuge-
deckt an einem warmen
Ort so lange gehen lassen,
bis er die doppelte Größe
erreicht hat.
4. Den Teig auf einer
Arbeitsfläche nochmals
kneten, zu einer Rolle formen und diese in 12
Stücke schneiden.
5. Je ein Stück mit einer
halben Backpflaume fül-

len, zu Kugeln rollen, in
eine gefettete zum Backen
im Ofen geeignete Pfanne
setzen und nochmals etwa
15 Minuten gehen lassen.
6. Die 200 Milliliter Milch
erwärmen, dazugießen
und die Buchteln 20 bis
25 Minuten backen.
7. Inzwischen das Puddingpulver mit wenig kal-
ter Milch anrühren. Die
restliche Milch in einem
Topf aufkochen, die Pud-
dingpulvermischung hin-
einrühren, aufkochen und
binden lassen. Zuletzt die
Pistazien dazugeben.
8. Die Sauce auf vier vorgewärmte Teller gießen
und jeweils drei Buchteln
darauf setzen. Mit den
Johannisbeerrispen gar-
nieren.

131 kcal • 545 kJ • 5 g F •
1 mg Chol • 17 g KH •
5 g E

Cholesterintabelle

Lebensmittel je 100 g (eßbarer Anteil)	Cholesterin mg	Fett g	Brennwert kcal	kJ
Brot und Brötchen				
Baguette	0	0,7	265	1110
Brötchen	0	0,7	265	1110
Brötchen (Leinsamen-, Mohn-, Sesam-)	0	2,4	279	1168
Fladenbrot	0	0,7	265	1111
Graubrot (Mehrkornbrot)	0	1,6	230	961
Knäckebrot	0	2,1	319	1335
Leinsamenbrot	0	3,7	257	1078
Pumpernickel	0	1,0	190	794
Roggen- oder Weizenmischbrot	0	1,0	265	1109
Roggenbrot	0	1,3	268	1120
Roggenbrötchen	0	1,0	252	1057
Roggenschrotbrot	0	1,3	223	934
Toastbrot	2	5,1	400	1676
Vollkornbrot (Mehrkornbrot)	0	1,6	230	961
Vollkornbrot (Roggen)	0	1,2	217	909
Vollkornbrot (Weizen)	1	3,5	289	1211
Vollkornbrötchen	0	1,6	228	955
Vollkornzwieback	0	8,6	325	1362
Weizenschrotbrot	2	1,7	269	1126
Getreide und Getreideprodukte				
Buchweizen (Korn), geschält	0	1,7	360	1508
Corn-flakes	0	0,6	369	1545
Gerstenflocken	0	2,1	346	1450
Gerstengraupen	0	1,5	352	1474
Gerstenvollkornschrot	0	2,1	333	1393
Grünkern (Vollkorn)	0	2,7	343	1435
Hafer (Vollkorn)	0	7,1	381	1594
Haferflocken	0	7,0	384	1607
Hirse (Vollkorn)	0	2,9	323	1351
Mais	0	3,8	351	1471
Maisgrieß	0	1,2	367	1535
Maismehl (Type 650–1800)	0	2,8	355	1487
Müsli mit Trockenobst und Nüssen	0	17,1	428	1791
Naturreis	0	2,2	353	1475
Reis, geschält	0	0,6	351	1469
Roggen (Vollkorn)	0	1,7	314	1313
Roggenmehl (Type 1150)	0	1,5	328	1374
Roggenvollkornmehl	0	1,3	300	1256
Weizenfeinmehl (Type 405)	0	1,0	364	1523
Weizenflocken	0	2,0	354	1481
Weizengrieß	0	0,9	358	1499
Weizenkeime	0	9,0	369	1545
Weizenkleie	0	5,0	203	851
Weizenvollkornmehl	0	2,4	333	1396
Eier und Teigwaren				
Hühnerei	580	11,2	168	703
Hühnerei, 1 Stück (Gew.kl. 3, 60 g)	319	6,2	92	387
Hühnerei, 1 Stück (Gew.kl. 5, 50 g)	267	5,2	77	323
1 Hühnereigelb (mittelgroß, 20 g)	330	6,3	74	312
1 Hühnereiweiß (mittelgroß, 35 g)	0	0,1	17	72
Eierteigwaren	94	2,8	354	1479

Lebensmittel je 100 g (eßbarer Anteil)	Cholesterin mg	Fett g	Brennwert kcal	kJ
Spätzle	218	5,4	262	1097
Teigwaren, eifrei	74	2,1	364	1526
Vollkornteigwaren	68	3,6	342	1432
Obst				
Ananas, frisch	0	0,2	56	235
Ananas, Konserve	0	0,2	56	235
Apfel	0	0,4	48	202
Aprikose, frisch	0	0,1	49	207
Aprikose, Konserve	0	0,1	86	361
Aprikose, getrocknet	0	0,5	268	1122
Avocado	0	20,0	212	887
Banane	0	0,2	88	367
Birne, frisch	0	0,3	54	228
Birne, Konserve	0	0,2	31	128
Brombeeren	0	1,0	54	226
Datteln, frisch	0	0,5	289	1209
Datteln, getrocknet	0	0,5	294	1232
Erdbeeren	0	0,4	32	136
Feigen, frisch	0	0,4	66	278
Feigen, getrocknet	0	1,7	289	1208
Grapefruit	0	0,1	41	172
Guaven	0	0,5	42	175
Heidelbeeren	0	0,5	93	390
Himbeeren	0	0,3	35	148
Holunderbeeren	0	0,5	42	175
Johannisbeeren, rot	0	0,2	45	189
Johannisbeeren, schwarz	0	0,2	58	242
Kaki	0	0,3	69	290
Kiwis	0	0,6	57	240
Litchis, frisch	0	0,3	70	293
Mandarinen, frisch	0	0,3	46	194
Mandarinen, Konserve	0	0,2	84	351
Mango	0	0,3	71	297
Mirabellen, frisch	0	0,2	61	257
Mirabellen, Konserve	0	0,1	93	389
Nektarine	0	0,1	60	252
Orange	0	0,2	49	204
Papaya	0	0,1	33	137
Passionsfrucht	0	0,7	51	213
Pfirsich, frisch	0	0,1	43	178
Pfirsich, Konserve	0	0,1	82	342
Pflaumen, frisch	0	0,2	57	240
Pflaumen, getrocknet	0	0,8	286	1197
Preiselbeeren, frisch	0	0,5	28	116
Preiselbeeren, Konserve	0	0,4	120	502
Rhabarber	0	0,1	15	61
Rosinen	0	0,4	286	1197
Sanddornbeeren	0	7,1	91	382
Sauerkirschen, frisch	0	0,4	57	237
Sauerkirschen, Konserve	0	0,2	88	370
Süßkirschen	0	0,4	57	237
Stachelbeeren, frisch	0	0,2	50	211
Stachelbeeren, Konserve	0	0,1	87	363
Wassermelone	0	0,2	34	147
Weintrauben, rot	0	0,3	73	307

Obst

Lebensmittel je 100 g (eßbarer Anteil)	Cholesterin mg	Fett g	Brennwert kcal	kJ
Weintrauben, weiß	0	0,3	76	317
Zitrone	0	0,6	45	189
Zitronensaft	0	1,0	86	362
Zwetschgen	0	0,2	57	240
Gemüse				
Artischocken	0	0,1	51	215
Aubergine	0	0,2	22	91
Bleichsellerie	0	0,2	15	62
Blumenkohl	0	0,3	21	89
Bohnen, grün	0	0,2	30	124
Brokkoli	0	0,2	26	109
Chicoree	0	0,2	13	55
Chinakohl	0	0,3	11	46
Eisbergsalat	0	0,2	13	54
Endiviensalat (Eskariol)	0	0,2	16	67
Erbsen, grün	0	0,5	87	364
Feldsalat	0	0,4	15	64
Fenchel	0	0,3	27	113
Gewürzgurken, Sauerkonserve	0	0,1	10	41
Grünkohl	0	0,8	30	125
Gurke	0	0,2	10	43
Karotte	0	0,2	28	117
Knoblauch	0	0,1	125	524
Kohlrabi	0	0,1	26	109
Kohlrübe	0	0,2	24	102
Kopfsalat	0	0,2	13	56
Kürbis	0	0,1	17	71
Mangold	0	0,3	24	101
Meerrettich, gerieben, Konserve	0	0,2	41	172
Paprikaschoten	0	0,3	21	88
Porree	0	0,3	26	110
Radieschen	0	0,1	17	71
Rettich	0	0,2	10	40
Rosenkohl	0	0,4	38	159
Rote Bete	0	0,1	37	154
Rote Bete, Sauerkonserve	0	0,1	24	100
Rotkohl	0	0,2	23	98
Sauerkraut, abgetropft	0	0,3	20	85
Sauerkraut, Konserve	0	0,2	13	53
Schwarzwurzeln	0	0,4	64	270
Sellerie	0	0,2	15	62
Spargel	0	0,2	19	78
Spinat	0	0,3	18	74
Spitzkohl	0	0,5	24	101
Tomaten / Fleischtomaten	0	0,2	19	78
Topinambur	0	0,4	32	134
Wachsbohnen	0	0,2	33	139
Weißkohl	0	0,2	24	101
Wirsingkohl	0	0,4	32	135
Zucchini	0	0,3	19	78
Zuckermais	0	1,2	104	437
Zwiebeln	0	0,2	32	133
Hülsenfrüchte, Nüsse und Kerne				
Bohnen, weiß	0	1,6	300	1257
Erbsen, grün, getrocknet	0	1,0	342	1431

Gemüse

Hülsenfrüchte, Nüsse und Kerne

Lebensmittel je 100 g (eßbarer Anteil)	Cholesterin mg	Fett g	Brennwert kcal	kJ
Kichererbsen	0	4,4	333	1394
Linsen	0	1,3	327	1371
Linsen, Sprossen	0	0,6	126	527
Luzernensprossen (Alfalfa)	0	0,7	34	141
Mungobohnensprossen	0	0,2	41	170
Sojasprossen	0	1,4	63	265
Sojasprossen, Konserve	0	0,8	35	145
Cashewnüsse, geröstet	0	47,6	632	2645
Edelkastanie, frisch, geschält	0	0,1	169	709
Erdnußmus	0	52,3	626	2622
Haselnüsse	0	12,2	218	911
Kokosnuß	0	7,2	101	423
Kokosnußraspel	0	36,0	369	1544
Mandeln, süß	0	54,0	625	2618
Paranüsse	0	67,0	697	2919
Pistazien, geröstet	0	55,8	649	2718
Sonnenblumenkerne	0	48,0	592	2480
Walnüsse (europäisch)	0	63,0	696	2915
Kartoffeln und Pilze				
Kartoffeln	0	0,1	83	349
Kartoffelstärke	0	0,1	353	1476
Champignons, frisch	0	0,3	22	91
Champignons, Konserve	0	0,5	13	54
Steinpilze, Konserve	0	0,3	14	57
Milch, Milchprodukte und Käse				
Trinkmilch 0,3% Fett	2	0,1	37	153
Trinkmilch 1,5% Fett	5	1,6	49	206
Trinkmilch 3,5% Fett	12	3,5	66	278
Buttermilch	3	0,5	36	152
Dickmilch (Sauermilch) 1,5% Fett	6	1,5	47	198
Dickmilch (Sauermilch) 3,5% Fett	13	3,5	69	287
Kaffeesahne 10% Fett	36	11,0	132	552
Kondensmilch 4% Fett	16	4,0	114	477
Kondensmilch 7,5% Fett	25	7,6	139	582
Kondensmilch 10% Fett	33	10,1	183	767
Kaffeeweißer	0	35,5	566	2368
Molke	2	0,2	27	114
Crème fraîche 40% Fett	117	40,0	389	1628
Joghurt aus Magermilch 0,3% Fett	5	1,5	51	212
Joghurt 3,5% Fett	12	3,8	74	308
Fruchtjoghurt, fettarm 1,5% Fett	4	1,3	94	393
Fruchtjoghurt 3,5% Fett	10	3,2	113	473
Kefir 1,5% Fett	6	1,5	51	212
Kefir 3,5% Fett	13	3,5	68	285
Quark 10% F. i. Tr.	1	0,2	76	319
Quark 20% F. i. Tr.	17	4,7	112	470
Quark 40% F. i. Tr.	37	11,0	165	692
Saure Sahne 10% Fett	37	10,0	121	505
Schlagsahne 30% Fett	109	31,0	310	1296
Schlagsahne extra 38% Fett	132	40,0	391	1636
Schmand 24% Fett	70	20,5	218	913
Brie 45% F. i. Tr.	42	18,0	284	1188
Brie 50% F. i. Tr.	93	33,0	437	1830
Butterkäse 50% F. i. Tr.	58	24,9	335	1403
Camembert 30% F. i. Tr.	20	8,6	197	823

Kartoffeln und Pilze

Milch, Milchprodukte und Käse

Lebensmittel je 100 g (eßbarer Anteil)	Cholesterin mg	Fett g	Brennwert kcal	kJ
Camembert 45% F. i. Tr.	35	13,0	232	971
Camembert 60% F. i. Tr.	71	25,5	334	1399
Cheddar 45% F. i. Tr.	105	33,0	423	1769
Chester 45% F. i. Tr.	100	32,2	422	1765
Edamer 45% F. i. Tr.	59	27,0	371	1554
Edelpilzkäse 50% F. i. Tr.	59	24,0	328	1375
Emmentaler 45% F. i. Tr.	92	30,0	416	1741
Frischkäse 50% F. i. Tr.	77	24,0	303	1267
Frischkäse 60% F. i. Tr.	103	31,5	354	1481
Frischkäse mit Kräutern 60% F. i. Tr.	85	28,5	339	1421
Gorgonzola 50% F. i. Tr.	102	31,2	385	1613
Gouda 45% F. i. Tr.	59	29,0	383	1602
Greyerzer 45% F. i. Tr.	110	32,3	436	1825
Kochkäse 10% F. i. Tr.	7	3,0	112	468
Kochkäse 20% F. i. Tr.	25	11,0	206	861
Limburger 20% F. i. Tr.	21	9,0	209	875
Limburger 40% F. i. Tr.	46	19,7	292	1221
Mozzarella 45% F. i. Tr.	46	20,0	278	1162
Parmesan 45% F. i. Tr.	71	26,0	412	1727
Romadur 50% F. i. Tr.	46	20,0	296	1239
Sauermilchkäse 10% F. i. Tr.	3	0,7	146	611
Schafskäse 40% F. i. Tr.	60	20,0	268	1121
Schmelzkäse 30% F. i. Tr.	59	24,5	319	1334
Schmelzkäse 40% F. i. Tr.	59	25,4	349	1462
Schmelzkäse 45% F. i. Tr.	59	24,5	319	1334
Schmelzkäse 60% F. i. Tr.	62	30,0	353	1476
Schmelzkäsezubereitung 45% F. i. Tr.	43	19,0	263	1103
Tilsiter 45% F. i. Tr.	59	27,0	368	1539
Getränke				
Apfelsaft	0	0,7	91	382
Colagetränk (coffeinhaltig)	0	0,0	46	194
Fruchtsaftgetränk	0	0,1	54	224
Fruchtsaftgetränk aus Zitrusfrüchten	0	0,0	53	223
Limonade	0	0,0	26	110
Orangensaft	0	0,3	89	374
Apfelwein	0	0,0	48	199
Bier, alkoholfrei	0	0,0	28	116
Bier, Pils, hell	0	0,0	42	175
Starkbier	0	0,0	58	242
Malzbier	0	0,0	49	204
Weizenbier (Weißbier), obergärig	0	0,0	40	169
Portwein	0	0,0	166	695
Rotwein, leicht	0	0,0	60	251
Rotwein, mittelschwer, Q. b. A.	0	0,0	60	251
Rotwein, schwer	0	0,0	74	311
Sekt	0	0,0	72	302
Sherry, trocken	0	0,0	118	496
Weißwein, lieblich	0	0,0	102	428
Weißwein, trocken	0	0,0	65	273
Branntwein 38 Vol. %	0	0,0	249	1042
Cognac	0	0,0	235	982
Eierlikör	150	4,6	271	1133
Rum	0	0,0	233	977
Weinbrand	0	0,0	235	982
Whiskey	0	0,0	249	1042

Getränke

Lebensmittel je 100 g (eßbarer Anteil)	Cholesterin mg	Fett g	Brennwert kcal	kJ
Öle und Fette				
Butter	240	82,8	771	3230
Butterschmalz	285	99,0	916	3836
Distelöl (Safloröl)	0	99,5	925	3871
Gänsefett/-schmalz	100	99,5	946	3960
Halbfettmargarine	0	40,0	377	1578
Kokosfett	0	99,0	923	3866
Maiskeimöl	0	99,9	928	3886
Margarine	10	72,6	679	2841
Mayonnaise 80% Fett	77	82,5	782	3273
Milchhalbfett (Butterhalbfett)	120	40,5	396	1656
Olivenöl	0	99,6	926	3878
Schweineschmalz	90	99,7	948	3970
Sojaöl	0	99,0	920	3851
Sonnenblumenöl	0	99,8	927	3882
Würzmittel und Fertigsuppen				
Brühe, Instant	0	4,0	148	620
Brühwürfel, fettreich	0	26,0	327	1369
Fleischbrühe, Instant	0	4,0	148	620
Sojasoße	0	3,4	114	478
Hefe	0	0,6	55	230
Hefeflocken	0	5,2	355	1486
Hühnersuppe klar, Instant	0	4,0	148	620
Senf mild	0	4,0	86	362
Tomatenketchup	0	0,3	109	456
Tomatenmark	0	0,4	46	192
Süßwaren				
Eiscreme	10	2,7	166	695
Fruchteis	4	1,2	134	562
Softeis	8	2,2	134	563
Speiseeis	33	4,1	156	652
Gummibärchen	0	0,1	330	1381
Karamelbonbons (Milch- u. Sahne-)	0	0,3	404	1692
Krokant	0	10,7	456	1910
Lakritze	0	0,9	390	1633
Marzipan	0	17,6	481	2014
Kakaopulver, Instant	0	3,7	402	1683
Pralinen	0	5,3	418	1748
Milchschokolade	11	10,0	433	1812
Zartbitterschokolade	0	10,2	415	1737
Honig	0	0,0	314	1315
Konfitüre / Gelee / Marmeladen	0	0,3	289	1209
Zucker	0	0,0	390	1632
Fisch und Fischerzeugnisse				
Aal	142	24,5	299	1249
Aal, geräuchert	195	32,9	407	1706
Barsch (Flußbarsch)	72	0,8	89	370
Bismarckhering	56	10,4	168	703
Bückling	90	15,5	241	1005
Forelle (Bachforelle, Regenbogenforelle)	55	2,7	112	467
Forelle, geräuchert	89	4,5	188	787
Garnelen	160	1,5	105	441
Hecht	63	0,8	89	372
Heilbutt	41	2,3	110	461
Hering	91	14,9	222	926

Öle
und
Fette

Würzmittel
und
Fertigsuppen

Süßwaren

Fisch
und
Fischerzeugnisse

Lebensmittel je 100 g (eßbarer Anteil)	Cholesterin mg	Fett g	Brennwert kcal	kJ
Hering, geräuchert	122	21,5	322	1348
Hering, mager, gesalzen	49	0,5	84	351
Heringsfilet, Matjesart	99	36,5	403	1686
Hummer, frisch, gegart	135	1,9	88	368
Kabeljau (Dorsch)	47	0,4	82	341
Karpfen	67	4,8	125	522
Kaviar, echt	300	15,5	286	1196
Kaviarersatz	261	13,5	248	1040
Krabben	160	1,5	105	441
Krebsfleisch	160	1,5	105	441
Lachs	35	13,6	217	906
Makrele	69	11,9	195	816
Makrele, geräuchert	109	17,5	293	1226
Miesmuscheln	148	1,3	56	234
Sardellen	–	2,3	110	461
Sardellen, Konserve	10	20,7	267	1117
Sardinen	–	5,2	135	563
Sardinen, geräuchert	23	10,7	237	994
Sardinen, Konserve, in Öl	11	24,3	299	1250
Schellfisch	62	0,1	80	334
Scholle	63	0,8	83	346
Seelachsfilet	44	4,4	128	536
Seehecht (Hechtdorsch)	–	0,8	84	350
Seezunge	50	1,4	90	376
Steinbutt	–	1,7	90	376
Thunfisch, Konserve, in Öl	53	30,4	365	1530
Fleisch, Geflügel und Innereien				
Hackfleisch, halb und halb	70	24,0	314	1316
Kalbsbratenfleisch	72	6,5	154	644
Kalbsbries	290	3,0	109	458
Kalbsbrust (Spannrippe)	73	7,7	164	687
Kalbshaxe, mager	71	4,3	135	566
Kalbshirn	2000	7,8	122	511
Kalbskeule, mager	71	4,3	135	566
Kalbskotelett	72	6,5	154	644
Kalbsrollbraten	48	9,7	153	639
Kalbsschnitzel, mager	71	4,3	135	566
Rinderbraten, mager	60	5,6	154	643
Rinderfilet (Lende), mager	60	5,6	154	643
Rinderherz	150	6,0	136	569
Rindergulasch, mager	60	5,4	152	635
Rinderhackfleisch	70	15,0	238	997
Rind, Hochrippe	70	16,5	242	1012
Rinderniere	375	5,0	123	516
Rindersteak, mager	60	5,6	154	643
Rinderzunge	100	16,0	226	945
Roastbeef, mager	60	5,6	154	643
Ochsenschwanz	75	11,0	196	820
Tatar	62	3,5	130	546
Schweinebauch (Dünnung), mittelfett	64	11,9	200	838
Schweinebrust (Spannrippe)	64	11,9	200	838
Eisbein, mittelfett	64	11,9	200	838
Schweinefilet	65	6,7	156	652
Schweinegulasch, mager	65	6,5	154	644
Schweinehackfleisch	70	25,0	339	1420

Fleisch, Geflügel und Innereien

29,8

Lebensmittel je 100 g (eßbarer Anteil)	Cholesterin mg	Fett g	Brennwert kcal	kJ
Schweinekotelett	64	15,4	230	962
Schweineschnitzel	65	9,9	183	768
Schweinesteak, mager	65	6,7	156	652
Brathähnchen, Keule	74	3,1	120	502
Ente, Fleisch	80	17,2	246	1030
Gans, Fleisch mit Haut	80	33,6	392	1641
Hase, Fleisch, frisch	65	3,0	128	538
Putenbrust	60	1,0	119	498
Putenkeule	75	3,6	124	521
Suppenhuhn, Fleisch ohne Haut	–	20,3	274	1147
Wurst- und Fleischwaren				
Bauernbratwurst	125	22,8	384	1606
Bierschinken/Schinkenpastete	67	10,5	198	828
Bierwurst	62	25,7	304	1274
Blutwurst	53	43,7	448	1875
Bockwurst	65	25,1	304	1273
Bratwurst, geräuchert	125	22,6	383	1602
Bratwurst	111	22,1	300	1257
Cervelatwurst	101	30,4	407	1706
Corned beef, deutsch, Konserve	57	18,9	265	1108
Fleischkäse, einfach	56	29,3	327	1370
Fleischwurst/Stadtwurst	66	25,6	311	1301
Frankfurter Würstchen	69	21,2	286	1196
Frühstücksfleisch, Konserve	58	13,1	200	838
Geflügelmortadella	84	18,3	265	1109
Gelbwurst	68	26,6	320	1338
Gänseleberpastete	530	11,7	270	1131
Hausmacher Leberwurst	147	42,0	450	1882
Jagdwurst	82	15,7	266	1112
Kalbsleberwurst	169	41,7	448	1877
Kasseler	79	17,6	273	1144
Knackwurst/Dicke/Rote/Servela	72	27,9	338	1414
Krakauer	97	14,3	275	1151
Leberkäse	82	26,1	315	1320
Leberpastete	137	34,8	388	1624
Lyoner, fettarm	36	21,7	256	1073
Mettwurst, grob	112	20,7	345	1444
Mortadella, fettarm	50	25,8	284	1191
Plockwurst	83	47,3	519	2171
Preßkopf	74	42,8	450	1883
Rindswurst	63	26,9	328	1373
Rostbratwurst	93	13,3	260	1087
Salami	117	31,3	439	1837
Schinkenwurst	77	23,4	314	1313
Schinkenspeck, roh, ungeräuchert	80	36,0	402	1683
Schwarzwälder Speck	80	60,0	598	2503
Schweineschinken, gekocht	85	13,0	215	901
Schweineschinken, roh, geräuchert	80	30,0	360	1506
Schweinespeck, durchwachsen (Frühstücksspeck)	90	65,0	645	2700
Teewurst	86	36,7	428	1793
Weißwurst	73	24,0	305	1278
Wiener Würstchen, Konserve	55	23,4	273	1142
Wurstsülze	76	17,4	252	1054
Zungenblutwurst	89	34,5	391	1638

Wurst- und Fleischwaren

10,-

Rezeptverzeichnis

Apfelkuchen mit Mandel-
   haube 156
Artischocken mit Dorsch-
   filet 38
Austernpilze mit Grün-
   kernfüllung 69
Austernpilze und Hirse in
   Wildkräutern 41
Bachforelle, gefüllte 105
Blattsalate mit Kartoffel-
   dressing 145
Bleichsellerie-Fenchel-
   Rohkost 142
Blumenkohl-Romanesco-
   Salat 141
Brokkoli-Romanesco-
   Gemüse 130
Brokkoliroulade mit
   Tomaten 112
Brokkolisalat mit Pinien-
   kernen 138
Buchweizencrêpes mit
   Wurzelgemüse 70
Buttermilch-Sanddorn-
   Flip 33
Canapés mit Rohkost 28
Champignon-
   kartoffeln 124
Champignonköpfe,
   gefüllte 68
Champignonsalat mit
   Grünkern 46
Chicorée-Rosenkohl-
   Auflauf 131
Consommé 54
Dialog von Linsen 49
Dill-Lachs-Dip 31
Dorschfilet im
   Sesammantel 105
Eisberg-Fenchel-
   Salat 145
Erbsen französische
   Art 130
Erdbeer-Bananen-Marme-
   lade 22
Erdnuß-Curry-Dip 30
Fisch-Gemüse-Gratin 98
Fischklößchen auf
   Samtsaucen 95

Florentiner
   Kartoffelklöse 126
Forellencremesuppe 61
Früchtejoghurt mit
   Borretschblüte 33
Frühstücksbrötchen mit
   Haferflocken 18
Fürst-Pückler-Joghurt mit
   Mohnsauce 152
Gartengemüse
   mit pikanten
   Dips 30
Geflügelsalat,
   mit wildem Reis 47
Gemüsebrühe 55
Gemüseeintopf,
   erlesener 110
Gemüsespieße orienta-
   lische Art 108
Gemüsestrudel mit
   Tomatencoulis 74
Gemüse-Tofu-Sülze mit
   Paprikasaucen 36
Grießflammeri auf
   Rhabarber 150
Grünkern-Hirse-
   Plätzchen 110
Grünkernrisotto 121
Hafervollkornmüsli mit
   Waldbeeren 24
Hasenrücken-
   geschnetzeltes 90
Heilbuttmedaillons,
   überbackene 96
Hirsecocktail, pikanter,
   mit Basilikum 40
Hirseflan auf
   Mangosauce 150
Hirse-Quark-
   Nocken 56
Hirsotto mit
   Leinsamen 121
Hühnersuppentopf 90
Joghurt-Beeren-
   Eis 153
Kalbfleisch-Pistazien-
   Klößchen 59
Kalbfleischsalat mit
   Champignons 43

Kalbsbraten,
   marinierter 84
Kalbsröllchen in
   Currycreme 84
Kartoffelgratin mit roten
   Linsen 116
Kartoffel-Hirse-
   Roulade 116
Kartoffelplätzchen mit
   roten Linsen 128
Kartoffelschiffchen 125
Kartoffelzopf mit
   Kerbel 127
Keniabohnchen mit
   Entenbrust 45
Kohlroulade mit
   Grünkern-Gemüse-
   Füllung 109
Kopfsalat „Mimosa" 145
Kräuter-Leinsamen-
   Flädle 56
Kräuterquark, Frankfurter,
   mit Kürbiskernen 20
Lachs, gebeizter, mit
   Sesam und Johannis-
   beer-Dill-Sauce 49
Lachsschnitte auf
   Gemüsebett 98
Lammkeule mit
   Rosmarin 89
Lammrücken,
   gefüllter 88
Lauch-Chinakohl-
   Gemüse 132
Lauch-Mais-Salat 136
Lauchscheiben mit
   Paprikasauce 50
Mandel-Kirsch-
   Kuchen 157
Marmelade von exoti-
   schen Früchten 22
Meerrettichquark mit
   Pumpernickel 20
Melonen-Schinken-
   Cocktail 45
Minestrone 62
Müsli, exotisches, von
   Hafer und Hirse 25
Nocken, römische 120
Nocken von Topfen auf
   Sauerkirschen 155
Nudeln, grüne,
   mit Lachssauce 71

Nudeln, schwarze 123
Okraschoten,
   gedünstete 133
Orangen-Grapefruit-Salat
   mit Heidelbeer-
   nocken 148
Ossobuco 83
Paprikagemüse mit
   Safran 132
Paprikaquark mit Stauden-
   sellerie 20
Pflaumenbuchteln mit
   Pistaziensauce 159
Piccata von
   Kabeljau 95
Pistazien-Erdbeer-
   Kuchen 158
Putenbrust mit Lachs-
   füllung 93
Quarkcremes, Grund-
   rezept für pikante 20
Quarksoufflés auf
   Fruchtsauce 155
Ratatouille 128
Ravioli mit Tofu-Spinat-
   Füllung 67
Rhabarber-Apfel-
   Grütze 148
Rinderbrühe 54
Rindersteak Esterhazy 81
Roggen-Kräuter-Brot 19
Roggen-Kräuter-Brot mit
   Gemüse 29
Roggensandwich,
   buntes 28
Rosenkohlsalat in Kräuter-
   vinaigrette 140
Rösti mit Kräuterdips 72
Rotbarschfilet
   italienische Art 97
Rote-Bete-Rohkost auf
   Eisbergsalat 143
Rouladen mit Tofu und
   Wirsing 80
Rübchen, weiße und
   gelbe 133
Rumpsteak à la
   Strindberg 82
Safrannudeln 123
Salat „Ratatouille" 50
Salattrio in Karotten-
   vinaigrette 142

Schneckensuppe mit
   Knoblauchcroûtons 61
Schweinerücken,
   gefüllter 87
Seefischcocktail
   ungarische Art 38
Seefisch provenzalische
   Art 102
Seezungen, gefüllte 100
Selleriesteak Cordon
   bleu 115
Sesam-Grieß-Nocken 56
Spaghetti-Hirse-Salat 42
Spinat-Linsen-Torte 77
Spinatnocken 73
Spinat-Radicchio-
   Salat 143
Steinpilzschöberl 58
Sülze von Waldpilzen mit
   Zucchiniquark 37
Tofuragout 114
Tomatencremesuppe mit
   Quarknocken 62
Tomaten-Estragon-
   Dip 31
Tomatennudeln 122
Tomaten provenzalische
   Art 136
Variation von Spargel in
   Vinaigrette 139
Vitaminflip 33
Vollkornapfelstrudel 74
Vollkorn-Kräuter-
   Spätzle 122
Waldbeerencup mit
   Sesam 149
Waldbeerenmarmelade
   mit Schuß 23
Waldorfsalat mit Pinien-
   kernen 51
Weinblätter, gefüllte,
   griechische Art 113
Zanderfilet mit glaciertem
   Gemüse 101
Zucchini, gefüllte, mit
   Kräutersauce 67
Zucchini-Paprika-
   Salat 136
Zucchini-Schinken-
   Torte 76

Im FALKEN Verlag ist auch eine ausführliche Cholesterintabelle mit über 2300 Angaben zu Kalorien/Joule und Fett erschienen. Fragen Sie Ihren Buchhändler.

ISBN 3 8068 4442 9

© 1989/1990 by Falken-Verlag GmbH,
6272 Niedernhausen/Ts.

Titelbild: Photographie Brigitte Harms, Hamburg
(Gefüllter Lammrücken, Seite 88, mit weißen und gelben
Rübchen, Seite 133, und Kartoffelschiffchen, Seite 125)
Fotos: Archiv (Weizenkeimlinge, Seite 140),
alle restlichen Fotos Studio Margit Schwarz, Frankfurt
Satz: Grunewald Satz & Repro GmbH, Kassel
Druck: Rath Offsetdruck GmbH, Stuttgart 80

817 2635 4453 62